みんなねっとライブラリー

追体験　霧晴れる時

今および未来を生きる
精神障がいのある人の家族
15のモノガタリ

青木聖久

PENCOIII

追体験　霧晴れる時

今および未来を生きる
精神障がいのある人の家族
15のモノガタリ

青木聖久

PENCOM

みんなねっと
ライブラリー

はじめに

人は、精神疾患を発症し、精神障がいを持つことになると、大いにとまどいます。これから、どのように現状を受け止め、折り合いをつけながら生きていけばいいのか。このことに、もがき、苦しむ人は決して少なくありません。それは、精神障がいのある本人（以下、本人）はもちろんのこと、その家族（以下、家族）にとっても、です。その際、多くの家族は、現状への向き合い方と共に将来の見通しを知りたいと考えています。そのような思いに、最も応《こた》えてくれるのが**家族会**(1)（＝数字は用語解説２０６頁〜、以下略）です。ところが、家族会につながっていない、いや、まだそこまで気持ちの整理がついていない家族はたくさんいます。このような現状に対して、何かできないだろうかと、私はずっと考えていました。

自分自身の人生を置き去りにせずに

一方で、家族の中には本人に濃密にかかわるため、仕事を辞め、自身の楽しみの時間をすべて排除して、四六時中、「あなたの病気がよくなるために」、というかかわり方をしようとする方がいます。

しかし、これでは短距離を走れても、長距離を到底走れません。なぜなら、家族が自分自身の人生を置き去りにして、「本人のために」が前面に出すぎると、「私はこれだけ頑張っているのに、本人や周囲はそれに応《こた》えてくれない」と、かかわることへの成果が暮らしの目標になりかねないからです。また、他者の変化を暮らしの目標においてしまうと、期待する側と期待される側の関係ができあがってしまい、お互いが息苦しくなってしまいます。

そのことからも、私は家族が自らを、人生の主人公として考えることが大切だと思っているのです。

知ることで想定外の景色を観ることができる

とはいえ、人は自分の状況を客観的に観ることは概して苦手です。そこで、他の家族の人生を通して、自分のこれからの歩みに目を向けていただければと思います。人は知ることを通して視野が広がります。つまり、1つの情報や新たな価値観を通して、想定外の景色を観ることができるのです。私たちは、周囲の人たちの生きざまや考え方を、我がことのように追体験《ついたいけん》することによって、「そうか」「なるほど」と、自身の目の前の霧が晴れた時、あるいは、薄くなった時、「自分らしく生きていこう」、という想いにたどり着けるのではないでしょうか。

では、追体験とは何か。それは、他者から直接話を聞いたり、あるいは、他者の文章等を読むことで、さも自分が体験したかのように感じられることを言います。話や文章に込められている、他者の気持ちを思いめぐらすことによって、より一層再現に迫ることができるのです。

人が一度きりの人生において、自ら体験できることなんて、たかだかしれています。だからこそ私たちは、情感たっぷりに追体験することによって、悶々《もんもん》としていた気持ちから解《と》き放《はな》たれるのです。人の優しさに感動することができるのです。

自らの人生の主人公としての家族の暮らし

そのような気持ちを込めて２０１７年10月より、私は家族会の全国組織である『公益社団法人 全国精神保健福祉会連合会』(2)（通称、みんなねっと）から発行している『月刊みんなねっと』の「知ることは生きること」という、私がかねてより持っているコーナーに、「自らの人生の主人公としての家族の暮らし特集」を掲載し始めました。ちなみに、特集には以下の２つの特徴を出しています。１つ目は、家族自身を人生の主人公として位置づける、ということ。２つ目は、個々の家族が自らの人生について話してくださったことを、私がお聞きして掲載させていただく、ということ。

この特集記事は、２０１７年10月号～２０１９年1月号で、16編になります。本書は、この16編の記事を加筆修正したものです。なお、文中の名前はすべて仮名となっています。

本書の読み方としては、できれば、最初に「読者のみなさんに感じていただきたいこと」に目を通していただき、あとは掲載順でもいいですし、興味のあるタイトル名のところから読み進めていただいても結構です。

では、最後までおつきあいのほど、よろしくお願いいたします。

なお、本書では、しょうがいを、「障がい」と表記することにします。なぜなら、障害の害の字が、人に対して、マイナス的な印象を与えかねないからです。ただし、法律用語等については、そのまま障害を用いることにします。

ちなみに、「しょうがい」は、「障礙・障碍（しょうげ）」という仏教語が由来とされています。また、碍は礙の俗字で、それが明治期になると、「障碍（しょうがい）」と読まれるようになりました。言葉の意味としては、障も碍も、差しさわりがある、つまり、不便があるという意味になります。ところが、害は不便というより、不幸を連想させるような印象を与えることから、害をひらがなにする用例が増えているのです。

では、なぜそのような意味がありながらも、日本では「障害」という漢字に至っているのか。それは、１９４６（昭和21）年の当用漢字表において、「碍」の字が消えたことによります。また１９５６（昭和31）年の国語審議会の報告「同音の漢字による書きかえ」では、表記として「害」を当て字のごとく用いられているのです。その後、１９８１（昭和56）年の常用漢字表においても、「碍」の字は復活せず、今日に至っています（文献：豊田２０１８）。

目次

はじめに　3

読者のみなさんに感じていただきたいこと

他の家族の人生を追体験することによって得られる暮らしの多様性　18

「一番好きなのは、そこ（家族会）」　18／「娘が自分を本当の意味での人間にしてくれた」　19／家族は家族である前に自らの人生の主人公　21／周囲から大切にされたバトンは次の誰かに渡したくなる　23／自分らしい気負わない生き方　24／何が起こったかよりも、その事柄をいかに解釈したかが重要　26

第1話　息子と父　「使命感を持って生きていける幸せな人生だ」と言えるように　27

お父さんは就職して5年後に精神疾患を発症　28／母は思いとどまって私を産んでくれた　28／家族の日常を守ることを自然と大事にしてきた　29／歴史研究者になりたかった　30／目の前で困っている家族に対して何の力にもならなかった　30／家族を含めて支援する制度やサービスの必要性を痛感　31／父と向き合うことに背中を押してくれた　32／そして気づく、自分にしかできない生き方　33／苦しんだ忘れられぬ体験はいったい何なのか―民雄さんの今　35／精神障がいと向き合いながら懸命に生きる人たちと共に―希代子さんの今　36／原体験から見た景色　37

第2話　母と息子　多様な側面の1つが雑談薬局の薬剤師　39

応援しています　40／市民活動家としての経験をもつ薬剤師　41／道　42／自分の道を歩くにいたるまで　44／生きて　45／自分で自分をほめなあかん　46／人が共通して願っていること　48

第3話　姉と弟　航空会社の元CAという側面を持つ私が今を一所懸命生きる　50

帰国子女として学童期を過ごす　51／航空会社でCAとして心豊かな人たちと出会って　51／弟さんが精神疾患に遭遇し、家族全員がどうしてよいかわからず　52／ボンヤリしていられない、動き出そう　53／家族会に参加し、暮らしの多様性を知る　54／自分自身の生き方として精神保健福祉士（PSW）になろう　55／兄弟姉妹の会を知り、つながる　55／相手が、喜ぶ、元気になるように、常に受け取りやすいバトンを渡す　56／よく帰ってきたね、と声掛けをしていたらよかった　57／生まれてきてよかった、生きてきてよかった、と思える社会を　57／自身を鼓舞《こぶ》しつつ、大切にしている価値観　59

第4話　父と息子　列車運行会社や「親父《おやじ》の会」での温かみのある軌跡《きせき》　61

列車運行会社で解雇通告された仲間を助けるために　62／人は変われるし、本気の行動こそが、周囲の人の心を動かす　63／親の介護、子どもとのかかわりと妻へのねぎらい　64／高校の父母懇談会での母親たちとの交流　64／「親父の会」を結成　65／家族会でも引き継がれる「親父の気楽な一杯会」　66／未だに忘れられない言葉　67／家族会に参加して一番変わったのはお父さんだ　68／今を大切に生きていきたい　69／知らない不幸を無くしたい　69

第5話　母と娘　小学校の教師の経験を持ちつつ登山と家族支援に青春をかける　72

登山に青春をかける　73／親の役割は終わったと思っていたけれども　74／誰にも話すことができず、地獄《じごく》を這《は》いずり回る心境　75／これまで、どんな困難にも独力で乗り越えてきたけれども　76／「私一人だけではない、仲間になってくれる人がいる」　77／1年間で名刺が一箱無くなるほど、多くの家族や関係者と交流　78／不思議な力の芽生え　78／もう1人の自分が納

得できる生き方　79／自分の経験を社会で活かすことによって、社会から自分が生かされる　80

第6話　息子と母、そして妻　家族としての70年以上の経験を昇華《しょうか》させ、今を誠実に生きる　83

自分が生まれた頃に母親は既に精神障がいを抱えていた　84／寂しさや劣等感、我が家や私はこれからどうなるのかという恐怖心　85／真面目で責任感の強いお父さん　86／結婚についても、親族の中で、一番応援してくれたのがお父さん　87／蛍さんの純粋に喜ぶ姿を見て、「人っていいな」と　88／めざましく回復し、大学食堂の調理補助に　88／癌《がん》が脳に転移　89／母の素朴で深く優しい愛情に満ちた心が、今は大好きです　90／「もっと生きたかった、ありがとう」　91

第7話　母と娘　40年間暮らしているこの地域で日々のドラマを楽しむ　93

今の地域に家を建てて40年間暮らす　94／地域の人と共に子育てをしてきた　95／最愛の娘たちが精神疾患と遭遇　95／退院後は娘を全力で守っていこう　96／おばあちゃん家《ち》に行ってお茶を飲んでいた　98／いつでもトイレを使ってください　99／確固たる信念と唯一無二《ゆいいつむに》の家族への愛情　100／「子どもさんの良い所は何ですか」と聞かれ、はっとした　101／九州から北海道まで桜前線を追いかけて花見をするのが夢　102

第8話　妹と姉　大地でたくましく生きる人たちから得た、「蟻《あり》と自分は対等な存在」　104

自分の好きなことをするために美術の道に　105／インドが私を呼んだ　106／姉が精神疾患を発症していた　106／部屋の片隅で立ったまま、足踏みをしていた　107／自分の知り合いだけには迷惑をかけないでほしい　108／「天国みたい」という言葉を聞き、悲しくて仕方が無かった　109／きょうだい会の立ち上げと、そこで知る新たな価値観　109／2人で韓国ドラマを観るのが日課　110／多様な生き方や価値観を知っておれば、どことなく、気持ちの余裕ができる　111／尼さんが背中を押してくれた　112

第9話　父と息子　社会での感動を描（書）き、他者と対話することは存命《ぞんめい》の喜び　115

「一言居士《いちげんこじ》」は半世紀以上前から　116／多様な気づきや想いをキャンバスに表現　117／念願の社会科教師の夢が実現　118／親に心配させまいと思い、あえて、何でもないような話をした　119／一番心に落ちたのは「今では当事者の我が子と山登りもしている」　120／覚悟して家族会への入会を告げた時、感極まって涙した　121／すべてが必然としてつながり、今を生きる　121

第10話　母と息子　ユーモアと愛情をもって温かい家庭を作ってきたその先に感じられること　125

電話交換の仕事をしながら、夜は定時制高校へ　126／声に出して歌うと気持ちがすっきりする　126／留学生を積極的にホームステイとして受け入れた　127／何かに怯《おび》えるように寮から家に戻ってきた息子　128／「今夜は寝れるかな」と言うのを聞くのがかわいそうで辛《つら》かった　129／家族会に入り、同じ悩みをもつ仲間ができた　130／「行ってみるか」がきっかけで、始めた仕事がもうすぐ10年目に　131／「2人で、そういうことばっかりやっているね」　132／「生きている」「暮らしている」、という想いが感じられた時　133／「おかえり」という四文字に精一杯の気持ちを込めて　133／人生、何がいいかどうかなんて　134

第11話　母と息子　豪快な笑いの奥にある、不便や辛《つら》さを超越した周囲を包み込む愛情　136

15歳で親元を離れ、働き始める　137／「ふつつかなおふくろですけど、よろしくお願いします」　137／千を超えるロープの全種類を数日間で覚えた　138／交通事故に遭い危篤《きとく》状態に　139／愛することを認識する脳は違うんだね　140／「お母さん、家に兄貴はいなくなったね」　141／気づけば、約4時間喋《しゃべ》っていた　142／この子のことで動くとすっきりする　143／「お母さん」と呼ばれて振り返ったら　143／荷物を全部、この子がしょってくれた　144

第12話 弟と姉 兄弟姉妹の立場であると共に支援者でもある私の宣言 147

周囲の評価とは裏腹に苦しかった小学校・中学校時代 148／優しくて、話も上手で、面白いお姉ちゃん 148／大した問題が起こっているとは思わなかった 149／僕の知らない人だ 150／20年を超える闘病生活 151／成人式に出れていないから大人になれないんだ 152／周囲とバランスをとることを心掛けていた 152／「俺は重い体験をしている」という自負 153／修行のような感覚で過ごしていた 154／姉が人生の道しるべや、基準点のような存在でいてくれた 155／兄弟姉妹でありながら支援者である自分 156

第13話 母と娘 明るく、ほがらかに、多くの人に元気を注入するべく歩き続ける 158

看護師として34年間働く 159／17ヘクタールの農地を持つ農家に嫁ぐ 160／義父に勧められて車の免許を 160／「お嬢さん大変ですから、すぐに来てください」 161／朝まで待てず、慣れない運転で駆けつける 162／家族教室に勧められるままに参加 163／娘を7割か8割ぐらい元気にしたい 164／涙をたくさん流した先には晴れがある 165／「元気」という言葉に込められている想い 166／ケーキ屋でのアルバイトの経験は誇り 167／「私のために、いつまでも長生きしてね」 168

第14話 母と息子 子どものように天真爛漫《てんしんらんまん》で、夫婦漫才《めおとまんざい》では決まって突っ込み役 169

にぎやかな明るい家庭で育つ 170／15歳の子が薬を一生飲み続けないといけないのか 170／藁にもすがる思いでおあげを100枚供える 171／「もうそろそろ寝たか」 172／「なんでもないやん」 173／自宅を開放して作業所に 174／「行ってみようかな」 175／定年退職後は日々ボランティア活動 175／心は子どもにとどめて自由に 176／やさしくなりました 177／お茶の子さいさいや 178

第15話 妹と兄 長い心の旅路を通して、扉を開けることができた 180

私の夢は海外に住むことだった 181／人は病むんだ 181／友だちに言えなかった 182／逃れられない家族は地獄のようだった 183／父は愛情表現が下手だった 183／母は家族会を立ち上げて救われた 184／主人もわかっているけど普通に接していた 185／いろんな経験をひっくるめて自分の人生 186／「うちのおばあちゃん、尊敬するわ」 187／長い心の旅路 187／扉を開けることができた 188／想いや行動は伝承されていく 190

つながる　192
医療機関への受診を含めた相談　192／暮らしの相談　193／家族による相談　194／問題は無くすよりも吐露《とろ》できる機会を　195
おわりに　197
用語解説　206
参考文献　217
＊索引　巻末

他の家族の人生を追体験することによって得られる暮らしの多様性

はじめに、家族の方々から聞いた忘れられない言葉をご紹介いたします。

「一番好きなのは、そこ（家族会）」

伊藤《いとう》さん（40歳代、女性）は、学校のＰＴＡ、地域自治会、職場、同窓会をはじめ、何事にも常にエネルギッシュに活動しておられました。彼女は、どの集団においても必ずと言っていいほど、笑顔で輪の中心に居るような方でしたが、「一番好きなのは、そこ（家族会）」だと言います。伊藤さんは、息子さんが精神疾患を発症し、情報をたどり、家族会につながったそうです。彼女は、「これまで属していた集団は、どこも人と人との駆《か》け引きのような人間関係があって、いつも気が抜けなかったの」と言い、その上で、次のように語られました。

「家族会は、みんな、他の人のことを自分のことのように受け止める人間らしさがあるの。こんな人たちが世の中にはいるんですね。自分はこのような人たちに出会えて、本当に幸せだと思います。私は、気の許せる人たちと食事をしながら、夢中になって時間を忘れ、喋《しゃべ》っている時間が一番幸せです」。

「娘が自分を本当の意味での人間にしてくれた」

山本《やまもと》さん（50歳代、男性）は、モーレツ社員で、夜明けから深夜、さらには、休日までも仕事漬けの日々を送っていました。家庭のことは、奥さん任せでしたが、自分が働くことでうまく回っていると思っていたそうです。ところが、娘さんが精神疾患を発症したことをきっかけに、残業を一切やめ、会社での肩書をすべて降ろす決断をされました。そのため山本さんは、娘さんのことをはじめ、家庭での状況を包み隠さず、部下をはじめ、社員の前で話したのです。

　すると会社側は、これまでの功績とその気迫に圧倒され、山本さんの希望を受け入れたと言います。その結果、山本さんは定時で会社から帰れるようになり、娘さん、奥さんとの会話の時間を多くとれるようになりました。

　その当時を振り返り、山本さんは、「あのまま働き続けていたら、倒れるか、家庭崩壊だったでしょうね」と。

　でも、それだけではないと、山本さんは語ります。


「今まで、肩書や収入に翻弄《ほんろう》されている自分がいました。そんななか、家族を守るという一心で、娘の病気のことを部下の前で話せた自分に驚いています。あの時以来、確実に自分の中で、『格好いい』という定義が変わりましたね。格好いいとは、外見や肩書ではなく、大切なことに対して、きちんと行動できることじゃないか、と。これまでの人生の中で、部下の前で毅然《きぜん》と話をしたあの場面の自分が一番好きですね。そのような意味では、娘が身を挺《てい》して、自分を本当の意味での人間にしてくれたと思っています。

仮に、娘が病気にならず、自分があのままの価値観で会社員を続けていたら、と想像するだけで、ぞっとします。今は、家族、友だち、会社、趣味、すべてを大切にしながら、自分の人生を楽しんでいます」。

家族は家族である前に自らの人生の主人公

精神障がいのある人の家族という立場になった、ということは人生において、大きな出来事であることは間違いありません。また、その立場になったからこそ、得られたものもあったと思います。

でも、なんです。本書の冒頭で述べましたように、家族は家族である前に、自らの人生の主人公である、ということです。これは、冷静に考えると、当たり前のことかもしれません。でも、人は疲弊《ひへい》していると、ついつい自分のことは後回しになってしまいます。いや、後回しではなく、自分の楽しみの時間を割愛《かつあい》した日々が続いてしまうのです。その結果、「私は自分を犠牲にしてまで、こんなに頑張っているのに」という怒りが、ふつふつと生じてきたりします。

ですから私は、「自らの人生の主人公」というのは、常に意識すべきテーマではないかと思っています。これは、家族自身はもちろんのこと、支援者にも伝えたいことなのです。なお、本書で「支援者」という場合は、専門性を拠所《よりどころ》とする専門職（フォーマルサポート）に加えて、体験を主な拠所とする精神障がいのある本人や家族（インフォーマルサポート）を含めることにします。

言うまでもなく、家族が本人にかかわることは大切です。ただし、本人と共に、家族には自分自身も大切にしてほしいのです。なので、本人に1回濃密にかかわったとすれば、その次は、自分のためにも1回濃密な時間を確保して、心の洗濯《せんたく》をする時間を設けてほしいと思っています。それは、特別大きなことである必要はないのです。映画鑑賞、好きな音楽のＣＤ（コンパクトディスク）を購入する、あるいは、自宅に帰る前に、喫茶店に30分ほど立ち寄り、ぼーっとコーヒーを飲む、ということも意義深いです。

周囲から大切にされたバトンは次の誰かに渡したくなる

以前から家族に対して、「家族支援」という言葉は使われていました。ですが実際は、本人への治療協力者として、位置づけられてきた、という家族も少なくありません。そうではなく、家族が自らの人生の主人公として、きちんと周囲から位置づけられると共に大切にされれば、家族は、その大切にされたバトンを次の誰かに渡したくなるものです。すると、そのバトンは、概して身近な存在としての本人に渡ることになり、結果的に、家族が本人に対して、今までよりも寛容な態度で接することにつながるのです。

医師や看護師、**精神保健福祉士**(3)等の専門職と異なり、家族はどこにいても、どの時間帯も、本人の家族という立場は変わりません。ある意味、24時間、その立場におかれています。専門職のように、就業時間の終わりと共に、切り替えるということができません。時に、先が見えない不安から、表情は笑っているように見えても、心は穏やかでないことも少なくないのです。

家族のそのような気持ちは、簡単にわかるものでありません。また、簡単に「わかる」とも言わない方がいいでしょう。でも、そんな時でも、支援者が家族の心情を理解しようと、家族自身の人生を慮《おもんばか》った声掛けや、非言語の優しい表情があれば、家族はどのように感じるでしょうか。私が仮に家族の立場ならば、それだけで、その日1日を幸せに感じます。さすれば、その幸せに感じたバトンを、次の誰かに渡そうとすることでしょう。また、そのように人に優しくできる自分のことを、まんざらでもないと思うことができ、家族自身の自己肯定感につながるのです。

このことからも、家族にとって、たとえ本人との関係において、出口が見えない迷路に入ったように感じている状況だったとしても、支援者のちょっとした声掛け等で、家族の気持ちが癒《い》やされることは少なくありません。

自分らしい気負わない生き方

「自分のことは自分が一番わかっている」と言う人がいます。その通りです。ところが、その人が当たり前のようにとっている行動が、周りから見たら、素晴らしく感じられたり、逆に、「もっと、周囲に頼ったら楽に生きられるのに」と思われたりすることがあります。なぜなら、人の行動は**常態化**(4)するからです。本人と家族との関係においても、日常の関係が基準値になっていますから、「いいとこさがし」と言われても、「特に見つかりません」になりがちです。

そのようなことからも、本書では私が家族からお聞きした話を、支援者（社会福祉専門職）としての立場、「みんなねっと」の理事としての立場、さらには、一市民の立場から、事実もさることながら、気づきや発見したことについて掲載したいと思います。

近年、「**リカバリー**」(5)という言葉がよく使われます。この言葉の私なりの解釈は、人生の新たな意味づけです。

リカバリーとは、人が単に元の状況に戻るのではなく、今おかれている現状の中で、未来に向かって、等身大の程よく感じられる生き方を実感できた時だと言えるのではないでしょうか。それは、過去から現在までの人生について、折り合いをつけながら受け入れ、未来を自分なりに想像すると共に、創造できることだと思います。そして、「そうだ、自分らしい気負わない生き方をしよう」と志向できた時こそが、本当の意味でのリカバリーではないかと考えています。

何が起こったかよりも、その事柄をいかに解釈したかが重要

でも人は自問自答をしていても、リカバリーの境地《きょうち》にたどり着くのは難しいです。その際、効果的なことの1つが、他の家族の人生を知ることだと思います。どの人にも固有の人生があり、転機となるようなエピソードがあるのです。

ただし、何人かの哲学者が言うように、人生は何が起こったかよりも、その事柄をいかに解釈したかが重要となるのです。そのことからも、①何が起こり、②そのことをどのように解釈したのか、について本書ではこだわりたいと思います。

読者の皆さんには、多くの家族の方々の人生を、我がことのように追体験していただき、「人っていいいな」と感じていただけると幸いです…。

（『月刊みんなねっと』2017年10月号を加筆修正）

第1話◉息子と父

「使命感を持って生きていける幸せな人生だ」と言えるように

今から19年前、成瀬《なるせ》道也《みちや》さん（40歳代、男性）は大学4年生。精神科病院でソーシャルワーカー（6）をしていた私は、ゲスト講師として大学に行き、彼と初めて出会いました。当時の印象を一言で表すならば、とびっきりの笑顔で癒《い》やしてくれる人。それから月日はたちますが、彼はいつも周囲をこの笑顔で和ませてくれるのです。

この笑顔からは到底、彼がこれまで生きてきたなかで、多くの葛藤《かっとう》に苛《さいな》まれていたとは想像できませんでした。

お父さんは就職して5年後に精神疾患を発症

成瀬さんのお父さんの民雄《たみお》さんは、大学を卒業後、大手の鉄鋼メーカーに就職して5年程たった時、最初の結婚をすると共に、精神疾患を発症。後に離婚。今でこそ、リワーク(7)支援や、精神障がいによる雇用率算定(8)の制度がありますが、ほぼ何も無かった40年以上前の話です。

その後、民雄さんは郷里に戻り、職を何度か変わりながら、希代子さん(成瀬さんの母)と再婚します。その翌年、希代子さんは妊娠。そのような状況下、民雄さんは再発をしたのです。

母は思いとどまって私を産んでくれた

しかし、希代子さんは民雄さんに何が起こったのかを、理解することができません。なぜなら、結婚する際、民雄さんが精神障がいを持っていることを知らなかったからです。希代子さんは、親類縁者からも、堕胎《だたい》して離婚することを強く勧められました。実際、一度は分娩台《ぶんべんだい》にまであがったそうですが、「私の子を産みたい」と。

成瀬さんはこのようにして、この世に生を受けました。成瀬さんは今も、「あの時、母は思いとどまって私を産んでくれた」と、生きている奇跡を実感しています。

家族の日常を守ることを自然と大事にしてきた

さらに、成瀬さんは次のように続けます。「その時中絶していれば、私はこの世に存在していなかった。このエピソードは、自分とは何か、社会とは何かを考えるきっかけとなりました」。

このようにして、成瀬さんは家族や周囲とどのように接するべきかについて、常に思いめぐらせ、今日まで歩み続けてきました。「父の病気のことは、人に話してはいけないのではないか」、「両親にも病気のことは、気づいていないふりをした方がいいのではないか」。成瀬さんは、その後も、民雄さんの再発の度に、家族がばらばらにならず、日常を守ることを自然と大事にしてきたと言います。

歴史研究者になりたかった

そのような成瀬さんは、将来、歴史研究者になりたかったそうです。一方で、自身の境遇から、福祉は必然的に近い存在でした。そのことから、高校卒業後の進路選択の際には、大変悩んだと言います。ですが、「歴史では食べていくのが難しい」という父の判断から、やや強引に福祉系の大学の入学手続きがとられ、自宅から千キロ近く離れている大学に進学することになりました。ですが、そのような経過もあり、最初のうちは学ぶことに対して気持ちが前に向かず、サークルやアルバイトに没頭。それが周囲の人たちとの出会いから、少しずつ気持ちが変わっていったそうです。

目の前で困っている家族に対して何の力にもならなかった

このようにして、成瀬さんが大学生活に楽しみを見いだしかけた頃、民雄さんは再発しました。民雄さんは、苦しかった入院を避けたくて、希代子さんを家から追い出し、自宅療養を決意。希代子さんは婦人相談所（行政機関）に相談し、昼はグループホームの世話人の仕事を行い、夜はシェルターに入る、という生活を送ることになったのです。

そのようななか、事態を知った成瀬さんが実家に駆けつけると、そこには、過敏な民雄さんの姿がありました。ですが、成瀬さんが必死になって入院の説得を試みても、全く民雄さんに届きません。医師や精神保健福祉相談員(9)、警察に相談しても、「何かあったら対応する」という待ちの姿勢。成瀬さんが大学の教科書で学んだことは、目の前で困っている家族に対して、何の力にもならなかったのです。

家族を含めて支援する制度やサービスの必要性を痛感

成瀬さんは、失意のなかで大学に戻り、福祉制度やサービスを学んでいる自分がみじめで仕方がありませんでした。このことを通して、成瀬さんは、家族を含めて支援する制度やサービスの必要性を痛感したのです。福祉とは何だろう。人って何だろう。成瀬さんは不全感を抱くようになっていきました。そのようななか、大学3年時に赴任してきた教授から、いくつかの大切なことを教わりました。「人が生まれ死にゆくことを前提に、限られた人生を精一杯生きることは、誰しも平等に与えられている」。

それは、人は苦難や悲しみの淵でも、何かを諦《あきら》めずに自分の人生を歩んでいいし、家族であることすら忘れるくらい充実した人生を追い求めてもいいということを、成瀬さんに気づかせてくれたのです。

父と向き合うことに背中を押してくれた

さらに、運命を変える大きな出会いがありました。それは1970年、さいたま市に「やどかりの里」を立ち上げた、谷中《やなか》輝雄《てるお》さん（実名＝故人）でした。ちなみに、やどかりの里とは、日本を代表する、精神障がいのある人たちの地域生活支援を展開する先駆的団体です。谷中さんは成瀬さんに対して、「あなたは大学で学んだことを一度棚上げして、父から学んだらいい」と民雄さんと向き合うことに背中を押してくれたのでした。

✓ 精神障がい者と捉えるのではなく、悔しさや苦しさを持っている人
✓ また、優しさや強みを持っている、行動力のある人

✓ 一方で、人はつながることによって可能性が広がる

成瀬さんは多様な視点で民雄さんに向き合いつつ、さらに、体系的に学ぶため、後に大学院にも進学しました。そして、修了後は郷里の大学の教員になり、その後結婚し、長女にも恵まれ、現在に至っています。

そして気づく、自分にしかできない生き方

私は成瀬さんの歩みを、敬意をもって追いかけてきました。そしてここからは、私自身の感想も織り交ぜながら述べていくことにします。

その前提として成瀬さんは、これまで人並みならぬ深い人生を歩んできました。でも彼は、決して堅物《かたぶつ》な人というわけではありません。その証拠に趣味の1つが、家族や友人たちとのキャンプやバーベキューでの語らいだと言います。また、家族のためだけでなく、自分のために有休をとって1人旅に出掛けることも、ひそかな楽しみです。日本百名城制覇《せいは》、温泉ソムリエとして全国の名湯巡り等。

精神障がいがあろうとも、その家族になろうとも、誰もが自らの人生を有意義に過ごせばいい。というか、どのような立場になろうが、当たり前に人は自分や家族をいたわるべきである。また、精神障がいがあるということは、人が持つごく限られた一面にすぎない。

成瀬さんは、このようなことを、民雄さんや希代子さんと暮らした18年間の人生のなかで、ある程度気づいていたと思います。ですが、18年間の日々には、様々な経験を咀嚼《そしゃく》する前に、「これでもか」と言わんばかりに、抱えきれない荷物が、嵐のごとく次々と押し寄せてきたのです。その結果、成瀬さんは、不安、葛藤、怒り、孤独感に陥り、押しつぶされそうになりながらも、日々の暮らしを精一杯送ってきました。でも、弱冠18歳の青年には、整理する時間が必要だったのです。それが、親元を離れて福祉を学んだ4年間の時間だったのではないでしょうか。

- ✓ 物理的な距離
- ✓ これまでのことを整理する時間
- ✓ 信頼できる人からの言葉を通して再認識した、自分らしく生きてもいいという安心感と勇気

✓　そして気づく、自分だからこそできる、自分にしかできない未来志向の生き方

苦しんだ忘れられぬ体験はいったい何なのか──民雄さんの今

誰かの犠牲になるのではなく、人は自分を大切にして生きるべき。また、個々人を、人生の主人公として据《す》えることによって、人の見え方は随分変わる。

民雄さんは一度きりの人生において、再発を繰り返し、12回入退院を繰り返しています。精神障がいとのつきあいと再発の恐怖。それだけでも大変なのに、「妻や子どもを食べさせなければ」という一心で、これまでパチンコ店の店員や、消費者金融の取り立てもしてきました。そして、40歳の頃、行政書士の資格を取得し開業しています。

民雄さんは、このような経過をたどり、ようやく生活が安定してきたのです。でも、「心の奥底に横たわる、苦しんだ忘れられぬ体験はいったい何なのか」。深い悩みに向き合うなかで、民雄さんは当事者会を設立し、自らの体験を語ると共に、さらに、自宅の一室やアパートを開放し、作業所や共同住居を開設することにしたのです。

精神障がいと向き合いながら懸命に生きる人たちと共に——希代子さんの今

希代子さんにとってみれば、「やっと暮らしが落ち着く」と思った矢先、今度は自宅を開放して、多くの精神障がいのある人との交流を民雄さんから宣言されたのです。希代子さんは、ぼう然としました。

ところが、人生とはわからないものです。実際に始まると、自宅に訪れる多くの精神障がい者と言われる人は、むしろ希代子さんに癒《い》やしを与えてくれました。また、その翌年、家族会の立ち上げが必要となり、初めて、希代子さんは他の家族とも出会うことになります。すると、そこには親という立場で、我が子の将来を案ずる、人間味あふれる多くの家族の姿があったのです。

当初、得体の知れない「精神障がい」に翻弄《ほんろう》され、苦しかった前半の人生。それが今、精神障がいと向き合いながら懸命に生きる人たちから、希代子さんは力を得ているのです。

原体験から見た景色

民雄さんは、当事者活動をして間が無い頃、新聞に「サラリーマンを続けるだけの人生に代わって、障害者や家族のために使命感を持って生きていける幸せな人生だ」と投稿しています。これまで、民雄さんが再発を繰り返すたび、一家は家庭崩壊の危機に何度も遭遇しました。でも、こうやって家族が続いてきたのは、成瀬さんにしても、希代子さんにしても、民雄さんの行動的な部分に振り回されながらも、使命感を持って生きる民雄さんに対して、尊敬の念があったからではないでしょうか。

とはいえ、生まれた時から、成瀬さんは精神障がいのある人の家族。その成瀬さんの軌跡《きせき》は、貴重な社会の財産だと言えます。

家族として、もがき苦しみながらも、目の前の現実にどのように向き合えばいいのか。いや、家族としての悩みを吐露《とろ》すること自体、許されないのではないか。成瀬さんはこれまで、多くの葛藤を繰り返しながらも、決して悲劇の人ではなく、自らの人生の主人公として歩み続けてきたのです。その軌跡こそが、今もなお、出口が見つからずにいる多くの人たちに勇気を与えることでしょう。

距離を置く。吐きだす。自分の世界を持つ。本人以外の別の精神障がいのある人と交流する。また、いろんなことがありながらも、時間《じかん》はたつ。すると、本人や家族、さらには、社会も年を取り、いずれ新しい風が吹く。

原体験から見た景色を、成瀬さんが社会で語れば、多くの人の心にのしかかっている蓋《ふた》を退《しりぞ》けることにつながると私は確信しています。それが、成瀬さんにとっての使命感と言えるものかもしれません…。

（『月刊みんなねっと』２０１８年11月号を加筆修正）

第2話◉母と息子

多様な側面の1つが雑談薬局の薬剤師

次にご紹介するのは、沖《おき》シノさん（70歳代、女性）です。沖さんは感性に富む方であり、私自身、いつも力をもらっています。沖さんとは、これまで手紙や電話等で交流をさせていただくことが多かったです。ここ数年は年に1回、地域家族会主催のセミナーに呼んでいただき、終了後、一緒に食事をしながら話をすることが、最近の私の楽しみの1つとなっています。

応援しています

私は、これまで沖さんと、地域家族会の研修会、保健所主催の家族教室等で、何度となく、話をする機会がありました。また、私が勤務していた精神科病院の家族教室には、ゲストスピーカーとして来ていただいたこともあります。気づけば、20年近くの交流になります。私が精神科病院を退職して小規模作業所(10)の所長になった時、さらには、兵庫県を離れ、愛知県にある現在の大学に赴任した時、いつも応援してくれていたのが沖さんです。

小規模作業所の所長をしている時、「これだ」と思って作った、利用者の体験談を中心にした文集もまとめ買いをしてくれました。いつも笑顔で「応援団やから」と言ってくださっていることが印象深いです。「応援する」というのは、言われた方に負担感がなく、心地よい言葉です。そのことから、私は今、大学生や後輩のソーシャルワーカーに何らかのメッセージを伝える時、必ず最後に「応援しています」という言葉を使っています。まさに、沖さんから受け取ったバトンを、社会につないでいるのです。

市民活動家としての経験をもつ薬剤師

沖さんの歴史に少し触れることにします。彼女は薬剤師であり、学生時代から沖縄にかかわる市民活動をした経験をもち、また、文章の勉強もしておられました。そのようなか、1995年の阪神・淡路大震災の時、お子さんが精神疾患を発症され、しばらくしてから家族会に入られました。沖さんは精神障がいのある人の家族（以下、家族）という立場でもあるのです。一方で、お母さんの介護に携わられ、そのお母さんを2011年に看取《みと》っておられます。

家族という立場は、沖さんが持つ多くの側面の1つにすぎません。沖さんは、家族という立場になる前から、薬剤師として、精神疾患に苦しむ本人や家族に対して、「身体を病むのと同じように心も病むんです」と言ってこられたそうです。『心を病むことは、そのことだけに気持ちを向けることができない。世の偏見に向き合わざるをえない。それは、自分の偏見を感じることでもある』という想いを、沖さんは持たれています。

道

沖さんは大学卒業後、薬剤師として病院に勤めていましたが、震災後、調剤薬局に移られ、２００６年より薬局経営をしています。その薬局には、２つのこだわりがあると言います。

１つ目は、人が元来有している力を信じること。

２つ目は、「雑談薬局」として、時間の許す限り、患者さんと薬の話はもとより、暮らしにまつわる様々な話をすること。

町なかの居場所としての薬局。沖さんは「薬剤師人生の集大成としての薬局」と言われます。その一方で、沖さんにとっては、薬局を訪れる患者さん、自宅で介護を続けてきたお母さんと同じく、大切な存在の１人がお子さんであることは言うまでもありません。そのお子さんとのことについて、２０１１年１月に「道」というタイトルで、以下のような詩を書かれています。

こころ病む息子と歩く川辺《かわべ》の道よ、たいらであれとは思わず

「十六年前の震災時に発症した息子は、急性期を被災生活の中で過ごした。戦場のような職場（病院）から帰ると、息子は待っていて、夜の川原に降りた。身体も心もボロボロだったが、何かに引きずられるように歩いた。

一年近くがたち、ほろっと歌が生まれた。泣きながら、転びながら歩いた道も、自分で歩いた道は自分の色に染まっていた。

何でもない道を望まないわけではない。が、でこぼこや亀裂の入った道でも、生きてさえいれば人は歩ける。今、私はそう信じている。

自分の道を歩くことを恐れているあなたに言いたい。

歩こう、一緒に。」

自分の道を歩くにいたるまで

多くの人は、日々の暮らしに忙殺されています。かくいう私も、です。でも私たちは、今、この瞬間にしかできないことがあるのに、明日の準備のため、あるいは、周囲とのバランスを優先して、ルーティン的な日課を優先した暮らしを営むことが少なくありません。

沖さんは、「戦場のような職場」から仕事を終えて帰宅し、本当ならば家でゆっくり休みたかったでしょう。でも、ふと歩こう、いや、お子さんと歩きたいと思い歩かれたのです。まさに、「何かに引きずられるように」。

幼少期、学童期と歴史を共有した最愛の子どもが仕事から帰ってくる自分を待ってくれていて、夜に川原を2人だけで一緒に歩かれたのです。一度きりの人生において最愛の子どもと川原を歩く、歩けることは何と素敵なことでしょう。しかし、沖さんがそれまで、お子さんと歩まれてきた道は、決して平坦ではなかったのです。言葉では言い尽くせないほど、苦悩が多かったことも想像に難くありません。でも、今後何が起ころうとも、生涯、決して変わることのない事実があります。それは、2人で川原を歩かれた、ということ。

歩くことには理由などなくてもいい。人は希望をもって、愛する人や、信じる人たちと歩けば、その事実と共に後には道ができるのです。

生きて

話を元に戻します。いろんな側面を持つ沖さんは、これまで、どのようにバランスをとって、今を生き、そして未来を志向してきたのでしょうか。その際、常に沖さんの口から出てくるのが、看取《みと》られたお母さんのことです。

そのお母さんの好きな言葉が、〝耐ゆること。前向きに明るきこと〟であり、その言葉が、沖さんの宝であると言われます。沖さんはそのお母さんのことについて、２０１２年１月、「生きて」というタイトルで以下のような詩を書かれました。

暖かき母のからだを抱きしこと今の私を支える不思議

「在宅での看取り四年半、九十九歳の母を家で見送ることができました。

胃ろうとおむつで生きる寝たきりの母は、一日でも長くお世話をさせてねと願う私に、『せっかく生まれてきたんやから』と答えてくれました。

この母が私たち身内だけでなく、日々訪れるヘルパーさんや看護師さんを支えたのです。

『ここに来るといやされる』強く大きい者だけが人を支えるのではない。弱く小さいものが人の心を支えることを知らされました。

こころを病み、つぶれそうになっている人こそ生きて欲しい。障碍というたいまつを掲げ、まだ、明けぬ世を照らして欲しい。

せっかく生まれてきたのだから。」

自分で自分をほめなあかん

加えて沖さんは、雑談薬局を訪れる患者さん、さらには、家族等で相談に来られる人たちに、支えられていると言います。また、普段どちらかというと、沖さんは人の話を聞く側が多いように感じますが、時折、人生の先輩であるソーシャルワーカーと話をすることで、気持ちをリセットできるそうです。それが、沖さんのガス抜きになっていると言われます。

とはいえ、普段は仕事に追われているものの、少しゆとりができると、沖さんは、ぼんやりしたり、趣味の「しの笛」を吹いたりされます。ちなみに、しの笛とは、平安時代より、主に大衆の間で広く愛用されてきた日本の伝統的な木管楽器で、細めの竹「篠竹」に唄口という息を吹きこむ穴と、指穴をあけたシンプルな構造の横笛です。

そのような沖さんは、友だちと、「自分で自分をほめなあかん」と話されるそうです。頑張ってかたづけをした後など、自分へのご褒美《ほうび》として、美術館で作品を鑑賞したり、友だちと食事に行ったりされます。そんな沖さんが、もともと抱いていた将来の夢は、55歳で仕事を辞め、四国八十八カ所を通しで巡ることや、ピースボートで世界一周をすることだったそうで、いつかは実現させたいと言われます。ちなみに、ピースボート（Peace Boat）とは、国際交流を目的として設立された日本の非政府組織（NGO）、もしくは、この団体が主催する船舶旅行の名称とされています。

人が共通して願っていること

今回、沖さんがこれまで歩んできた人生のほんの一部を紹介させていただきました。そのことを通して、改めて、「自らの人生の主人公としての家族の暮らし」について述べたいと思います。

人はたくさんの人たちの人生を知り、つながることによって、今を生き、そして未来を志向できるのではないでしょうか。人は、多くの生き方のモデルを知ることによって、生き方の多様性に気づくことができます。また、人とつながることによって、孤独感から解放され、安心感が得られると共に、支えられたり、一方で、支えたりしていることを実感できます。これらを通して私たちは、「ま、これでいいか」等と、いろんな生き方を、自分の中で正当化できるのではないでしょうか。でも、人は自分のことならまだしも、こと最愛の家族のことになると、今もさることながら、未来が心配でたまりません。そのような時、様々な立場の人たちと交流するなかで、多くの情報を知れたり、人の情を実感することによって、「ま、何とかなるか」と未来が志向できます。

沖さんの場合で言えば、お母さん、及び、ホームヘルパーさんや看護師さん。また、お子さん、及び、家族会の仲間。薬局を訪れる患者さん、友人、信頼のおけるソーシャルワーカー等です。それらの人たちすべてが、沖さんにとって大切な存在となっています。沖さんを取り巻く人たちは、それぞれ立場は異なります。でも、人として、願っていること、感じ方は共通する部分が多いことを実感できるにつれて、自分を開いた生き方につながっていくのだと思います。

✓ 人は、一度きりの人生を有意義に過ごしたいと願っている
✓ 人が、穏やかな雰囲気を醸《かも》し出すと、周囲は癒《い》やされる
✓ 気負わず、素直に向き合おうとする人に対して、周囲は心を開くことができる
✓ 本気で相手を思いやる人の周りには、自然と人が集まる

人が願うことは、意外と共通していることが多いように思います。「案外、この社会も捨てたもんじゃない」と感じ、人や社会を信じることができるようになるなかで、少しずつ、人は自分の鎧《よろい》を脱ぎ、等身大の生き方に近づくのではないでしょうか…。

（『月刊みんなねっと』２０１７年11月号を加筆修正）

航空会社の元CAという側面を持つ私が今を一所懸命生きる

今回ご紹介するのは、虹丘《にじおか》空《そら》さん（50歳代、女性）です。虹丘さんは、22歳から16年間にわたって、航空会社のキャビンアテンダント（以下、CA）として、世界の空を飛び回り、さらには新人の教育係となり、後進育成を務めてこられました。航空会社を退職後は、いくつかの職業に就き、2016年より、就労継続支援B型事業所（1-1）で生活支援員をされています。

虹丘さんは、2014年に社会人学生として大学に入学され、その年の夏に、スクーリングでお会いしたのが、私との出会いです。

帰国子女として学童期を過ごす

虹丘さんは日本で生まれ、その後、お父さんの会社の転勤により、5歳から10歳まで台湾の台北で過ごされています。そのことから、虹丘さんは台北を第2の故郷と思っており、当時の恩師や幼馴染《おさななじみ》みとは、今も1年に一度は集まるそうです。とにかく、伸び伸びとした環境で生活できたことが何よりだったと言われます。ちなみに、虹丘さんには、お姉さんと弟さんがおられます。そのようななか、10歳で日本に帰国した際、何かにつけ、「日本は禁止事項が多いなぁ」と感じたそうです。市民プールでは、プールサイドから飛び込むと、「ピピ～ッ」と笛を吹かれ、怒られるのですが、内心「ちゃんと安全なことを確認して飛び込んでいるのに」と思っていたと言います。

航空会社でCAとして心豊かな人たちと出会って

その後、22歳から虹丘さんは航空会社のCAになるのですが、振り返ると、CA時代に出会った同僚やお客さんは、心豊かで固有性に富む人が多く、まさに、多様な価値観を知ることになったそうです。退職後、勤めていた航空会社が経営不振に陥り、持っていた株が大暴落をし、虹丘さんは大きな損失を受けましたが、それでも、そこで得た体験を考えれば、比較にならないほど素敵な16年間だったと言います。

虹丘さんの趣味の1つが茶道で現在も続けているのですが、そのきっかけは、CAとして空を飛んでいた時だったそうです。30歳の時に機内で外国人のお客さんに「あなたは日本人女性だから茶道もやるし、着物も着るんでしょ」と聞かれ、両方ともできない自分が恥ずかしくなり、帰国後すぐに茶道と着付けができる親友に相談し、お茶の稽古《けいこ》を始めておられます。

弟さんが精神疾患に遭遇し、家族全員がどうしてよいかわからず

虹丘さんはCAとして、まさに充実した日々を過ごされていました。そのようななか、CAとして5年目を迎えた27歳の時、弟さんが精神疾患を発症されたのです。実家から片道2時間かけて大学に通っていた弟さんが、一人暮らしを始めた直後のことでした。虹丘さんにとっては、これまで精神医療との接点が全くなかったこともあり、家族全員が出口の

見えないトンネルに入っていく心境だった、と当時を振り返っておられます。

また、弟さんが入院していた病棟の窓が鉄格子で覆われ、病室が畳部屋だったことから、虹丘さんにとって精神科病院は、非日常の別社会として映り、言葉にならないものがありました。加えて、今でこそ家族支援という言葉が使われますが、当時の精神科病院では、主治医と話ができるような雰囲気も感じられなかったのです。

このように、これという情報が得られないなかでも、虹丘さんが精神医療に求めていたのは、「弟をなんとか治してくれないかなあ、でも治るのかなあ」という想いでした。

ボンヤリしていられない、動き出そう

虹丘さんは、2004年に航空会社を退職した後、CAとして身につけたものを活かし、塾やマナー講師、さらには、クリニックで働いておられました。

そのような最中、大きな転機が訪れます。それは、2011年3月11日に起きた東日本大震災です。また、震災の直前には、お姉さんの夫が亡くなり、弟さんのこともあり、何よりも、被災地の人たちのことを考えると、「ボンヤリしていられない」と一念発起された

のです。

その後は、持ち前の行動力で、産業カウンセラー、介護職員基礎研修の受講を始めました。また、「ふんばろう東日本」というチームに入り、被災地の人々と電話で話したり、さらには宮城県石巻市にも行ったりしました。

家族会に参加し、暮らしの多様性を知る

震災の翌年の2012年、虹丘さんは、お母さんが読んだ本に掲載されている精神科病院を訪ねてみたことがきっかけとなり、「家族教室」の存在を知り、他の家族と出会うことになります。

そこでは、多くの家族の抱えている悩みが決して同じでないことがわかった、と言います。その一方で、精神障がいによる生きづらさを持って生きることが、どれほど難しいことかを実感することもできました。しかし、だからと言って希望を捨ててはいけないこともわかり、虹丘さんは勇気を得られたのです。

自分自身の生き方として精神保健福祉士（PSW）になろう

虹丘さんはその後、高齢者施設で働きつつ、徐々に家族会にも参加するようになっていました。そのなかで、自らを家族教室につないでくれたPSWの後ろ姿から、「私が目指したいのは高齢者のケアではなく、精神障がい者のケアだ」と考えるようになっていきました。さらに、偶然の出会いも後押しします。虹丘さんが働いている高齢者施設に、以前勤めていた航空会社のCAの先輩が実習に来られ再会を果たしたのです。「CAだった者でもそんな道があるのか」と、PSWを目指すことに大きくつながっていったと言います。

兄弟姉妹の会を知り、つながる

虹丘さんはPSWを目指し、2014年、大学に入学した後は積極的に多くの授業に参加されました。ある日、授業後に参加した懇親会会場のトイレで並んでいる時、声をかけてくれた学友が、奇遇にも精神障がいのある人の兄弟姉妹だったのです。このことがきっかけとなり、兄弟姉妹の会につながりました。

そして、実際に参加することによって、家族と言っても、一括《ひとくく》りにすることができず、その立場性によって、距離感等が随分異なることを知れたと言います。

相手が、喜ぶ、元気になるように、常に受け取りやすいバトンを渡す

ここからは、虹丘さんのことを私なりに振り返りながら、未来を語りたいと思います。私は2016年に、虹丘さんたちと数名で、福島原発の被災地域（帰還困難区域）へ行き、ゴーストタウンと化している街を視察して、言葉にならない想いを共有したことがあります。その日、福島県相馬市で、被災した居酒屋に入ったのですが、虹丘さんは店の大将のいいところをいっぱい引き出し、場を和ませ、皆で語りやすい雰囲気を率先して作ってくれました。間違いなく、虹丘さんもたくさんの荷物を背負って生きているはずなのに、眼差《まなざ》しは常に応援者なのです。それはきっと、これまでの歩みのなかで身につけられたことなのでしょう。相手が喜んだり、元気になるように、常に受け取りやすいバトンを渡されるのです。なので相手は楽しいいし、もっと話がしたくなるのです。

よく帰ってきたね、と声掛けをしていたらよかった

一方で、これまで生きてきたなかで忘れられないエピソードとして、虹丘さんが挙げられたのが、弟さんへのかかわりでした。弟さんの精神障がいによる生きづらさを、当初虹丘さんはわかりませんでした。そのようななか、弟さんが実家に帰って来た時に、面と向かって「根性がないからだ」のようなことを指摘したそうです。すると、弟さんは目を三角にして怒りました。今思えば、なぜ「よく帰って来たね、おかえり」と声掛けをしなかったのか、と今も悔やまれています。知ることは大切で、そのことによって相手に生きる力さえ与えることができるのです。その弟さんは、今結婚しています。虹丘さんは弟さんと奥さんに対して、一度きりの人生を有意義に過ごしてもらいたいと心より願っています。

生まれてきてよかった、生きてきてよかった、と思える社会を

虹丘さんはこれまで、困っている人を見つけると、飛んでいき全力で向き合う、という生き方をしてこられました。そんな虹丘さんは、弟さんの発症をきっかけに、多くの泣き

笑いを通して、変化した部分も少なくないと言います。「(精神障がいのある人の)家族になる前は、人との距離が近く、人の分まで何でも自分でやっちゃおうと思っていました。でも今は、目の前の人が自分の足で歩き、1人になっても生きていかれるように、手や口を出さず、見守ることを心掛けています」。

精神障がいを自身が持つ。精神障がいを持つ人の家族になる。実は、ほとんどの人が生涯の内に、**いずれかの立場になります**(12)。でも、その立場になろうとも、当たり前に生まれてきてよかった、生きてきてよかった、と思える社会が優しくて持続性のある社会だと言えるでしょう。虹丘さんが高校生の時、ラインホールド・ニーバー(アメリカの神学者)の「ニーバーの祈り」を数学の先生から聞き、今もなお、自分の思うようにいかない時にはこの言葉が頭をよぎり、冷静になれるそうです。

『神よ、変えることのできるものについて、それを変えるだけの勇気をわれらに与えたまえ。変えることのできないものについては、それを受け入れるだけの冷静さを与えたまえ。そして、変えることのできるものと、変えることのできないものを、識別する知恵を与えたまえ』

自身を鼓舞《こぶ》しつつ、大切にしている価値観

いま、虹丘さんが自身を鼓舞しつつ、大切にしている価値観が、以下のことだと言われます。

✓ 今を一所懸命生きる
✓ ムダなことは何一つない
✓ 思い立ったが吉日
✓ なにごともやってみないと分からない
✓ 知ること楽しむことは生きること

ちなみに最後は、青木の「知ることは生きること」にくっつけたそうです。

虹丘さんのように、困っている人を見かけたら、飛んできてくれるような存在は温かく、人として尊敬できます。誰もが、このような意識があれば、優しい社会になることでしょう。一方で、持続性のある社会であるためには、転ばぬ先の杖ではいけません。そうでは

なく、人がたとえ転んだとしても、再び立ち上がれる方法を、時間をかけながらも身につけられる社会であること。

加えて、なのです。転んでも大けがをしない社会であれば、安心して、果敢に挑戦することができるのです。失敗してもいい。時間がかかってもいい。でも、また挑戦できるし、そのことを応援できる社会。そんな社会で私は暮らしたい…。

（『月刊みんなねっと』２０１８年2月号を加筆修正）

第4話◉父と息子

列車運行会社や「親父《おやじ》の会」での温かみのある軌跡《きせき》

今回ご紹介するのは、岩瀬《いわせ》孝和《たかかず》さん（70歳代、男性）です。岩瀬さんは、これまで、列車運行会社や家族会活動で、信念をもって活動を続けてこられました。

知り合って、かれこれ11年になりますが、お会いすると、いつも穏やかに笑顔で対応してくださいます。でも、岩瀬さんは本気さが見えないような専門職に対しては、時に厳しい言葉を発せられます。まさに、優しさと強さを兼ね備えた人です。私はかねてより、このような岩瀬さんが、どのような歩みをたどってきたのかを伺ってみたいと思っており、今回のご紹介に至っています。

列車運行会社で解雇通告された仲間を助けるために

1964年の東京オリンピックが日本で開催された頃、岩瀬さんは列車運行会社に勤務していました。そこは男性ばかりの職場で、無断欠勤をはじめ、様々な問題を起こす職員が少なくなかったそうです。その結果、解雇通告を出される職員もいました。でも、そのような職員のことを、岩瀬さんは見過ごすことができず、自らの休暇の時に、同僚の情報を頼りに探しました。そして、実際に会って話を聞くと、荒れた家庭環境で過ごしてきた生い立ちなどがわかったと言います。

岩瀬さんは、その都度、解雇通告を取り消してもらうように、職場にお願いをし、それでもだめなら労働組合に、さらには、職場で土下座をして、嘆願《たんがん》署名の協力の依頼をされました。加えて、同僚の各家庭を訪問し、署名の依頼までしたのです。でも、反応は厳しく、「辞めさせられて当然だ」「人生を甘く考えるな」と。また、岩瀬さんの行動に対して、「なぜ、そこまでやるのか」「自分をもっと大切にしろ」というものもありました。岩瀬さんが、弱冠21歳の時の行動です。

人は変われるし、本気の行動こそが、周囲の人の心を動かす

そのようななか、岩瀬さんは、解雇通告を出された職員と、ある約束をしたと言います。それは、周囲に対して、本気で気持ちを入れ替えて仕事に取り組む姿勢を行動で示そう、というものでした。

すると、その職員は、毎日欠勤扱いでも始業の1時間前には職場に顔を出し、出勤する職員や乗客への挨拶はもちろん、清掃や後かたづけに一所懸命に取り組んだのです。冷ややかな周囲からの晒《さら》し者のような生活に、その彼はひたすら耐え続けました。すると、2カ月ほどたった時、周囲に本気度が伝わり、嘆願署名に名前を連ねてくれる人が3分の2を超え、それが当局を動かして解雇を免れることにつながったのです。

岩瀬さんは、人は変われるし、本気の行動こそが、周囲の人の心を動かすことを知ることができたと言います。これらのことに自身が役に立てたこと、そして、同僚たちが最終的には人を見捨てずに、信じたことが嬉しくてたまらなかったと言います。

親の介護、子どもとのかかわりと妻へのねぎらい

これらのことを積み重ねる岩瀬さんの眼差《まなざ》しには、常に人の暮らしを我がことのように捉える人間味が伺えます。そのような人柄から、同僚からの信頼も厚く、組合活動にも精力的に取り組んでこられました。岩瀬さんは、22歳で組合の書記長、36歳で委員長になり、周囲から頼りにされ、まさに、充実した日々を過ごされていたのです。

ところが、48歳の時、親の介護を余儀なくされ、組合活動の第一線を退《しりぞ》くことになり、在宅介護に8年間かかわることになりました。そして、その頃、息子さんが精神疾患を発症されたのです。岩瀬さんは、「息子の人生で最も大変な時期に傍らで寄り添ってやれず、妻ばかりに負担をかけていたことが今でも申し訳なく思っています」と、悔やまれています。

高校の父母懇談会での母親たちとの交流

一方で、岩瀬さんの末娘さんが高校に入学した時、学級父母懇談会は、参加者のほとんどが母親だったといいます。すると、始まる前から思い通りにならない我が子への苛立《いらだ》ち

や夫への愚痴が飛び交っていたそうです。

　そこで、クラス幹事をしていた岩瀬さんが「自分の子どもの一番素敵なところを一言ずつ添えて自己紹介をしてください」と言うと、険しかった母親の表情がマリア様のように母性と慈愛に満ちた優しい表情に変わっていくのです。ついでに「夫の素敵なところも一言」と添えると、「ない」と軽くあしらわれ、また元の不満の形相《ぎょうそう》に戻ってしまいます。我が子に対する想いと、夫に対する想いを比較すること自体、ナンセンスであることがよくわかったと言われます。母親は、子どものこととなると爆発的な力を発揮し、とりわけ、40代、50代の母親は活力・元気印の塊《かたまり》のようなもので、とても太刀打《たちう》ちできないことを岩瀬さんは思い知らされました。

「親父の会」を結成

　このようなことからも、岩瀬さんは父親の存在が気になっていました。そこで、各学年の父親と連絡を取り合い、「親父の会」を結成しました。子育てや家事に対する、妻から夫への不満の声、時期が来たら手遅れになる危険性（かかわるべき時に父親・夫としての役割を果たさないことによる、家族からの信頼の喪失）があることなど、学級懇談会における妻たちのリアルな会話情報を交換し合ったのです。

日頃の心掛けとして、①親父も学校に参加し女房への労《ねぎら》いの言葉と協力姿勢を伝えるようにすること、②40歳を過ぎたら女房に逆らうことは一切やめて胡麻《ごま》をすること、③それらが豊かな老後を保障する最善の策であることなど、妻や子どものことを酒の肴《さかな》にして楽しく語り合うことで親父の成長の場にもなっていったと言います。

これらの親父の会で学んだことが、後の家族会活動で大いに役立ったことは言うまでもありません。

家族会でも引き継がれる「親父の気楽な一杯会」

息子さんの発症から6年後、岩瀬さんは家族会にも参加するようになりました。ところが、当時の参加者は母親ばかりで、夫に対する不平・不満は相当なもので、肩身の狭い思いをしたそうです。

そこで岩瀬さんは、「親父の気楽な一杯会」を計画し、親睦を深め合うことにしました。

みんな女房に感謝しているのに、変な男の美学から言葉で伝えることができない。「わかっている筈《はず》」「そんなこと言えない」。いまさら言うのが照れくさいのです。他方、我が子の先行きを父親として誰もが心を痛めていました。

家族会の後、「親父同士で一杯」とさえ言えば女房は許してくれるし、遅くなっても怒らないため、家族会に父親が参加しやすいようになりました。おまけに、家庭内の親子・夫婦関係も良くなり、また、地域活動においても父親に出番が回り、家族会の存在感が増していったのです。まさに、親父万歳でした。

未だに忘れられない言葉

このような岩瀬さんですが、最初から、息子さんのことを理解できていたわけではありません。当初、働かず、だらだらした生活を送っているように見えた息子さんの顔を見るたびに、岩瀬さんは説教をしていました。すると、ある日、26歳になった息子さんが目に涙を浮かべて「お父さんは、どうして僕のことをわかろうとしてくれないの」という言葉を何度も繰り返し、岩瀬さんに迫ってきたのです。息子さんのその姿から、岩瀬さんは今までにない衝撃を受けました。それは、「この子は病気なんだ」と初めて認識すると共に、息子さんが、いつまでたっても病気に向き合おうとしない岩瀬さんを目覚めさせてくれた瞬間でもあったのです。

家族会に参加して一番変わったのはお父さんだ

それから2年後、岩瀬さんは、地域の「こころの健康講座」に、息子さんと一緒に参加しました。すると、講座の最終日、あるグループの発表者になった息子さんが「家族会に参加して一番変わったのはお父さんだ」と言った途端、会場全体から、爆笑と拍手が沸き起こったのです。

その言葉は、それまで息子さんを追い詰め、自責の念に苦しんできた岩瀬さんにとって、計り知れないほど嬉しい言葉でした。そして、その日の晩、息子さんが「お父さん、お母さん、僕を育ててくれてありがとう」と言われたのです。その言葉を聞くやいなや、岩瀬さんの目には涙が溢《あふ》れ、止まりませんでした。今、岩瀬さんは次のように語ります。

「息子は、私の一番大切な生涯の宝物です。」

今を大切に生きていきたい

ここからは、岩瀬さんの歩みを振り返り、私なりに気づいたことを述べたいと思います。岩瀬さんは、かつて、家族会の人たちのことを、「自分の家族のようなものです」と言われていたことがありました。岩瀬さんにとっては、列車運行会社で仲間のために力を注いだことも、高校の父母会で親父の会を作ったことも、精神障がいのある人の家族と家族会活動を続けていることも、特段気負った活動ではないのだと思います。むしろ、直面する課題を見過ごすことの方が、自身の生き方として、絶対に許されないことなのです。

岩瀬さんは、「たった一度の人生を振り返ったとき、『自分は偽りのない生き方ができたかどうか』を問いかけられるよう、今を大切に生きていきたい」と話されます。そして、それらの積み重ねが、岩瀬さんの優しくもあり、強い生きざまを作っているのです。

知らない不幸を無くしたい

とはいえ、なんです。最愛の息子さんが発症後、岩瀬さんは当初、叱咤激励《しったげきれい》をすることによって、出口を見いだそうと必死でした。でも、状況は変わらなかったのです。

そのような折、岩瀬さんにとって家族会との出会いは、運命的なものだったと言われます。家族会に初めて参加し、苦しい想いを打ち明けた時、「みんな一緒だよ」と優しく包んでくれた他の家族からの一言は、今もなお岩瀬さんの財産として残っています。

また、「知らない不幸を無くしたい」。これは、私が岩瀬さんからよく聞く言葉であり、支援者として大切にしている言葉です。「知らない」とは、障害年金(13)や医療費助成(14)という制度やサービス、専門職や家族という人的な資源だけを指しません。人は、いくら状況が混とんとしていたとしても、自分を信じてくれる人がいると安心するし、力をもらえます。そして、もう一度人を信じようと思えます。人って、なかなかに素敵だ、と。

そんなことを、岩瀬さんから追体験をさせていただくことにより、私は知ることができました。

加えて、家族会の魅力を言うならば、「優しく背中を押してくれる力」です。制度を活用することや、人とつながることに躊躇《ちゅうちょ》している家族に対して、岩瀬さんなら、声のトーンを落として、次のように語りかけるでしょう。

「私たちも通ってきた道」。

岩瀬さんいわく、「人が人につながり、『ほっ』とした笑顔に出会えることに勝る楽しみや趣味は無い」。

（『月刊みんなねっと』２０１８年1月号を加筆修正）

第5話◉母と娘

小学校の教師の経験を持ちつつ登山と家族支援に青春をかける

今回ご紹介をするのは、大田《おおた》 真由《まゆ》さん（70歳代、女性）です。私は、大田さんとは7年ほど前からのおつきあいになります。地域家族会の研修会に呼んでいただいたのが縁で知り合い、大田さんの最初の印象は、「明るく、元気な方」というもので、そのバイタリティーにはいつも敬服しています。

登山に青春をかける

大田さんは、お父さんが広島原爆の被ばく者であったことから、毎年8月6日の原爆の日を記念日として育ったそうです。そのことから、平和や人権教育を大切にして生きていきたい、と考えてこられました。そんな大田さんは、その後、小学校の教師を35年間なさっています。戦争がなく、一人一人が大切にされる社会にしたい、という想いが結実されたのではないでしょうか。

一方で、もともと多趣味な大田さんですが、そのなかでも一番に挙げられる趣味が登山だと言います。そのことから小学校の教師を、定年を待たず早めに辞められました。そして、非常勤で働きながら、大田さんの言葉をそのまま使うと、「趣味の登山に青春をかけ楽しんでいました」というものでした。

まさに、登山を趣味として生きてきているのです。

親の役割は終わったと思っていたけれども

そのようななか、人生の転機が訪れました。大田さんには語学が堪能《たんのう》な娘さんがいます。その娘さんは大学を卒業した後、旅行の添乗員（以下、添乗員）をしておられました。娘さんは添乗員として海外に行き、まれに1年ほど帰国しないことも。でも、大田さんは、大学を卒業すれば親の役割は終わったと思い、特に気にしなかったそうです。

ところが、娘さんが添乗員を始めてから数年たった頃、無表情になると共に、ほとんど喋《しゃべ》らないようになり、大田さんはさすがに心配しました。その後、娘さんは旅行会社を退職するに至っています。

当初、仕事の疲れによる一過性のものだと思っていましたが、急に怒りっぽくなったりし、さらには幻聴が出ていることにも気づいたのです。そこから、娘さんの精神疾患の治療が始まることになりました。

と同時に、そのことによって、これまで想像もしなかった精神保健福祉の世界と大田さんとのつきあいも始まることになったのです。

誰にも話すことができず、地獄《じごく》を這《は》いずり回る心境

大田さんも娘さんも、最初の頃は休養を意識していました。ですが、半年もたつと娘さんは服薬を中断し、スキルアップを目指し、英語の猛勉強を再開したのです。その成果が実り、3カ月後にはTOEIC（日本で年間250万人以上が受ける最も有名な英語力を測る試験）で高得点を取ることができました。しかし、安心していたのもつかの間、娘さんは周囲に関心を示さなくなり、一方で食べ物へのこだわりも出てきてしまい、ついに、少量の食事しかとらないようになってしまい、再発したのです。

大田さんは、最初に診療を受けた医師から病名告知が無いなか、「ようすを1年間見させてください」という言葉のみを聞いていました。そのことから、自身の解釈として、一過性のことであり、元の状態に戻るに違いない、いや、そのようになってほしい、と願っていたのでしょう。これらのこともあり、大田さんは最初、娘さんの病気に向き合えませんでした。また、娘さんのことを誰にも話すことができず、地獄を這《は》いずり回る心境だったとも言います。「どうしてうちの娘だけが」「私のどこが悪かったのか」と、自分を責める日々が続き、心に蓋《ふた》をして、ひっそりと暮らしていたのです。

これまで、どんな困難にも独力で乗り越えてきたけれども

そのようななか、英語が人生そのものと言っても過言でない娘さんが、中学時代の英単語を忘れてしまうような状態になり、ある日「私の頭、からっぽになった」と悲しそうに語った言葉が未だに脳裏から離れないと、大田さんは言います。

もともと大田さんは、苦労して小学校の教師になり、仕事と子育てに、まさに大車輪の活躍をしてきました。自身の子どもたちには、将来苦労せず、競争社会で生き抜けるようにと、学歴をつけることによって、親としての責任を果たそうとされたのです。

そのことからも、娘さんの発症は、まさに青天の霹靂《へきれき》であり、その事実を受け入れることは、大田さんにとって、簡単ではありませんでした。また、これまで、どんな困難にも独力で乗り越えてきた大田さんは、いかに対処すべきかに、とまどったのです。これまで娘さんは、勉強をはじめ、世間から評価されることが多かったはずです。それが今度は、病気のことで、世間からいかに見られるのかも、大田さんは気になっていたのかもしれません。

「私一人だけではない、仲間になってくれる人がいる」

でも、このままではどうにもならないと考え、娘さんの発症から3年たった時、大田さんは病院家族会に参加し、抱えている想いを、意を決して他の家族に語りました。すると、「私も同じよ」「わかるよ」と言ってもらえ、これまでに味わったことのないような安堵《あんど》感を覚えることができたのです。「私一人だけではない、仲間になってくれる人がいる」。家族会に参加することで、少しずつ心の余裕が生まれ、孤立感から解放されていったのです。

そこから、大田さんの大奮闘がスタートします。研修会にも積極的に参加し、たくさんの出会いを引き寄せられました。なかでも、**家族ＳＳＴ**[15]と家族による家族学習会は、大田さんの人生観が変わるほどの転機になっています。

家族ＳＳＴでは、以下のことを学んだと言われます。「娘の気持ちを大切にしたコミュニケーションとは、本人の力を信じ、できている部分に目を向け、ほめて認めながら、社会に参加していく力を側面的に引き出すこと」。

また、家族による家族学習会では、「参加者が互いに認め合いながら学習会を進めていくので、参加者も担当者もとても元気になれる」。そして、参加者の笑顔が大田さんの元気の素となり、互いに話すなかで、隠さない生き方に変わり、重荷が無くなり、娘さんを信じるようになっていきました。それらのことを通して、大田さんは、「大切な娘が戻ってきたと実感できた」、と言われます。

1年間で名刺が一箱無くなるほど、多くの家族や関係者と交流

大田さんは今、1年間で名刺が一箱無くなるほど、多くの家族や関係者と交流していています。それは、各々がいろんな人生を抱えながらも、他者の人生を我がことのように受け止める、というように多様な生きざまを共有できるからこそ、魅力的なのでしょう。他の家族との交流を通して、人間味あふれる姿を感じ取れる。大田さんにとって、等身大の自分で、その場に居ることは、ライフワークとも言える活動ではないでしょうか。

不思議な力の芽生え

ここからは、大田さんのこれまでの人生を踏まえ、私なりに感じたことを述べたいと思

います。大田さんは、自らの体験談を惜しみなく周囲に語り、他の家族の話を我がことのように受け止めます。そこでは、素直に感じていることを話し、聴くなかで、人間が持っている情を実感することができるのではないでしょうか。まさに、語り、聴き、共感することによって、人間の魅力を日々、感じておられるのです。

人は弱くてもいい。弱いからこそ、社会で多くの人とつながり、そのことによって、人の優しさを知ることができます。すると不思議な力が芽生えます。あんなに弱いと思っていた自分が、目の前の家族のため、他の家族のため、そして、優しい社会づくりのためと思えると、世間体《せけんてい》を気にすることなく、社会に対して、意見を述べたり、行動したりすることができるのです。いや、「世間体」という文字自体が吹っ飛び、本当に大切なものに自然体で向き合っている自分に気づけるのです。

もう1人の自分が納得できる生き方

自己実現という言葉があります。私はこの言葉に対する以前の解釈は、もともと抱いている夢の実現のように捉えていました。でも、大田さんの歴史を体感するなかで、今は違う解釈をしています。それは、仮に「もう1人の自分」がいたとすれば、その自分が、今の自分の姿を見て、どう思うかということです。

今の大田さんのように、私利私欲のためではなく、他の家族に笑顔で声をかけ、共に元気になっていく姿を見れば、「あなた、なかなか頑張っているじゃない」と、もう1人の自分は、ほめてくれることでしょう。もう1人の自分が納得できる生き方。それこそが、自己実現ではないかと思っています。

逆に、例えば私が目の前の現実に向き合おうとせず、世間の評価ばかりを気にして、昔の価値観や社会の基準に翻弄《ほんろう》されているとすれば、どうでしょうか。すると、きっと、もう1人の自分は、次のように言うでしょう。

「青木、格好悪いな」と。

自分の経験を社会で活かすことによって、社会から自分が生かされる

大田さんが当初家族会につながったことは、やむにやまれず、活路を見いだすためだったかもしれません。ところが今、大田さんが「家族会」という存在を通して、多くの家族

や関係者に出会うことは、まさに大田さん自身の自己実現ではないかと思います。

太田さんは、幼少の頃より、平和や人権教育、そして命の大切さに触れるなかで、教育者という立場、言うなれば外側からメッセージを発してきたのが前半の人生だとすれば、後半の人生は、家族という当事者としての立場、言うなれば内側からメッセージを発しておられます。大田さんは、前半の人生があるからこそ、家族が「体験」という共通部分によって、同じ目線で理解し合えることを、内側からつながる意義として、より体感できているのです。すべてが、大田さんにとっては必然だったのではないでしょうか。加えて、多趣味な大田さんは、森林浴、猫との遊び、おいしいものの食べ歩き、スポーツジム、仲間とのおしゃべりも、欠かしません。

＊＊＊

人生、何が幸せかは、終わってみないとわかりません。でも、現時点において言えることがあるとするならば、私は次のように考えます。人は、自らが大切にしているものを追い求めつつ、これまでの経験を活かしながら、一所懸命に生きている人を応援することこそが尊い、ということ。そして、それらの行動を通して、ふと気づくのです。自分の経験を社会で活かすことによって、社会から自分が生かされている、と。自分の経験が社会で活かされるとは、自分の居場所が社会にあることを意味します。また、社会から自分が生かされているとは、自分が社会から大切にされていることを意味します。そんな社会作りに、自分が寄与できる。それこそが、人生の醍醐味《だいごみ》ではないでしょうか…。

（『月刊みんなねっと』２０１７年12月号を加筆修正）

第6話◉息子と母、そして妻

家族としての70年以上の経験を昇華《しょうか》させ、今を誠実に生きる

今回ご紹介をするのは、南《みなみ》誠一《せいいち》さん（70歳代、男性）です。私は6年ほど前、誠実に家族会活動をしていた南さんの歴史を知りたいと思い、スクーリングのゲスト講師に来てもらったことがあります。その際、幼少時代の南さんの話を聞き、多くの学生が涙していたことを忘れることができません。

後述しますが、精神障がいのあるお母さんが近所から疎《うと》まれていたことを、小学生ながらに南さんは感じていました。それでも、近所の人に南さんはあいさつをするのですが、無視されてしまいます。小学生の小さな心を想像すると、言葉になりません。

自分が生まれた頃に母親は既に精神障がいを抱えていた

南さんが生まれる前の南家は、お父さんとお母さん、2人のお姉さんの4人暮らしでした。そのようななか、次姉さんが7歳の時、重い猩紅熱《しょうこうねつ》にかかり、息を引き取ってしまったのです。お母さんは次姉さんの死を受け入れられず、混乱し、そのことが引き金となり、精神疾患を発症されました。以来、お母さんは毎日、次姉さんの衣服を胸に抱いて泣き続け、1年たっても家事ができなかったと言います。

お母さんはもともと庄屋の娘で、女学校を卒業しており、いわゆる裕福な家庭で育ちました。習い事もひと通りされ、その後、大手の列車運行会社に勤める土木技師のお父さんと結婚したのですから、発症前は順風満帆《じゅんぷうまんぱん》の人生だったのかもしれません。転勤の多かった南家では、引っ越しも多かったのです。それでもお母さんが内助の功で家事はもちろん、近所づきあい等もそつなくされていた、ということを南さんは後に聞いて驚きました。なぜなら、南さんが知っているお母さんからは、家事や近所づきあいをする姿を、想像できなかったからです。

寂しさや劣等感、我が家や私はこれからどうなるのかという恐怖心

次姉さんが亡くなった2年後に、南さんは生まれます。しかし、南さんの物心がついた頃、お母さんの症状はかなり重くなっていました。そのことから、お母さんと心が満たされるような会話をした記憶は無いと言います。お母さんは家事ができず、毎日寝ていて、独りごとをつぶやいていました。そのような状態にありながらも、お母さんは「東大に行け」と、南さんを机に向かわせ、無理やりにでも勉強をさせたりしていたそうです。

ところが、南さんはそれどころではなく、寂しさや劣等感、さらには、「我が家や私はこれからどうなるのか」という恐怖心が付きまとい、何も頭に入らず、勉強する気持ちになれませんでした。学校へはズル休みを繰り返し、その度に自己嫌悪に陥りました。そんな南さんを心配して、友だちや先生が自宅を訪ねてくれても、嬉しい半面、かたづいていない家を見られるのが恥ずかしく、結局、一度も家にあげることはできませんでした。

真面目で責任感の強いお父さん

当時、中学校を卒業すると働くのが一般的であり、また、厨房《ちゅうぼう》に男性が立つということも珍しい社会状況でした。その時代において、南さんのお父さんは、大卒のエリート社員だったのです。真面目で責任感の強いお父さんは当初、仕事中心の生活でしたが、お母さんの発症後は、がらりと暮らしが変化しました。朝早くに起き、前の晩の後かたづけをした後、家族の朝食を作ってから仕事に出掛け、帰ると夕食の準備、というヘトヘトになる毎日を、考える余裕もないなか必死にこなしていたのです。

さらに、追い打ちをかける出来事が起こります。お母さんの被害妄想から、近所と大きなトラブルになり、お父さんは退職を余儀なくされると共に、社宅も出ないといけないことになってしまったのです。その後、お父さんは小さな会社に転職したものの、生活は苦しく、ボロボロの背広に底がパカパカの靴を履いており、子ども心に「お父さん、かわいそうだな」と思っていました。

結婚についても、親族の中で、一番応援してくれたのがお父さん

それでもお父さんは、どんなに辛《つら》くても耐え忍び、家族の安定と成長のために全力を振り絞りました。仕事には誠実に取り組み、会社の部下たちのことを、社長とぶつかりながらも親身になって守っていました。

その後、月日がたち、南さんは家計を助けながらも国立大学に見事合格しました。その時、お父さんは大変喜んでくれたと言います。ですが3年後、南さんが突然、大学を辞めて僧侶になると伝えたとき、お父さんは布団の中で泣いていました。南さんは仏教寺院に4年間出家し、その後、知的・精神障がい者の施設で計33年間働いておられます。

その一方で、南さんは父の勧めで家族会活動に30歳の頃から関わり始め、以来途絶えることなく継続しているのです。

28歳で施設に就職してから6年後、南さんは精神障がいのある蛍《ほたる》さんとの結婚を考えるようになりました。そのことについて、親族の中で一番応援してくれたのがお父さんです。お父さんは、南さんの人生の様々な転機に、いつも背中を押してくれました。

蛍さんの純粋に喜ぶ姿を見て、「人っていいな」と

南さんは人間修行には関心があったものの、結婚願望は無かったと言います。そのような折、蛍さんと出会ったのです。そのうち、蛍さんの純粋な姿に惹《ひ》かれた南さんは、結婚を決意しました。結婚指輪を買った時、蛍さんの純粋に喜ぶ姿を見て、南さんは「人っていいな」と思ったそうです。

ところが、結婚を目前に控えた頃、不安からか蛍さんは精神科に入院となってしまいました。蛍さんはこれで結婚が破談になると思い、絶望感に打ちひしがれたそうです。ところが南さんは面会に行き、「待っているからね」と伝えました。

それから、しばらくして退院となり、同い年の2人は35歳の時に結婚したのです。

めざましく回復し、大学食堂の調理補助に

蛍さんは、結婚してからも精神症状が出現しました。ある時は、南さんが夜勤に就いているとき、「あなたが呼んだでしょ」と言って、夜中の3時頃、突然飲食店に行ってみたり。

またある時は、突然、誰かに襲われるような感覚に見舞われ、窓から外に大声で「助けてー」と叫ぶこともあったりし、入退院を繰り返したのです。南さんは、仕事中も蛍さんのことが気がかりでした。

そのようななか、ある時から蛍さんは目覚ましく回復し、近くの大学食堂の調理補助として働く機会を得たのです。当初、心配だったものの、ついに1カ月間働き抜いた時、なんと蛍さんはアルバイトで得たお金のほとんどを、南さんや甥や姪をはじめ、親しい人へのプレゼント代に使ったのです。

その後、1年半たって職場の雰囲気が変わったことや、蛍さんに癌《がん》が見つかり、仕事を辞めることになります。ですが、不思議と仕事をしていた期間は、精神症状が出ることもほとんどなく、充実感に満ちた表情だったそうです。

癌《がん》が脳に転移

蛍さんの癌は進行し、骨や脳にも転移をし、ほとんど寝たきり状態になっていました。それでも、南さんは仕事に行かないとならず、いつも後ろ髪をひかれる想いでした。でも、帰宅すると、南さんの布団が干してあったり、大好物の食べ物が机の上にあったり。南さんが涙ながらにお礼を言うと、蛍さんは精一杯の力を込めて微笑んだそうです。

その後間もなく、10年間の結婚生活を終え、蛍さんは45歳で旅立たれました。亡くなる直前、蛍さんは「私が一番幸せだったのは、働いていたあの1年間でした」と、か細い声で言いました。南さんは、蛍さんが亡くなってから、3年ぐらい毎日のように泣き続けたと言います。今は家族会活動に力を注ぎ、天国での蛍さんとの再会を楽しみにしていますが、冬場は蛍さんの手編みのセーターをずっと着ておられます。

母の素朴で深く優しい愛情に満ちた心が、今は大好きです

南さんの人生を踏まえ、最後に私の感想を述べたいと思います。その前提として、南さんは「自分が生まれる前から母が精神障がいであったため、生まれつきの『家族』としての立場のなかで、自分の考え方や価値観を形成していくしかありませんでした」と言います。

その南さんは当時を振り返り次のように語りました。「元来プライドが高く、多趣味な母

に対して、受け止めてくれる人がいたら、あるいは、ほぼ未治療の母が精神医療につながっていたら、違った人生があったかもしれません」。さらに、南さんは続けます。「娘を失い、狂《くる》うほど泣き続けた母の、素朴で深く優しい愛情に満ちた心が、今は大好きです」と。

でも、なのです。南さんの学童期、青年期は、到底そのような境地にたどり着けませんでした。いや、生きることが精一杯だったのです。

「もっと生きたかった、ありがとう」

南さんに結婚願望が無かったのは、幼少時代の経験から、家庭を持つことの意義が感じられなかったからかもしれません。精神障がいによる生きづらさ、そこから派生する経済的困窮、近隣との関係。それらに対して、歯をくいしばって生きる家族。

そのようなことからも、精神障がいのある蛍さんと結婚した当初も、さして大きな希望は無かったのかもしれません。ところが、想定外の暮らしの醍醐味《だいごみ》を、南さんは、蛍さんからたくさん得たのです。「周囲に喜んでもらうことで、人は幸せを感じられる」「言葉で自分の気持ちを素直に伝えることができる人には、親和性が芽生える」「嬉しいことを言い合える場があることは素敵」。ただし2人の空間が、安全で、安心できる場であったからこそ、蛍さんは自分を表現することができたに違いありません。生涯の内に、ほっとできる場や時間が得られることは、何事にも代えがたい幸せであることを、南さんは体感しておられます。

他者に対して、迷惑をかけず、気をつかえる人は尊いです。しかし、自分が楽しめていない人は、周囲から見ればどこか肩の凝《こ》る人に映ってしまいます。過去の苦しい経験は、もちろん将来の糧《かて》になり得ます。ただし、それは後に、自らが心の底から満たされる時間が伴ってのことです。南さんは、蛍さんとの時間があったからこそ、過去の苦しかった出来事に正面から向き合うことができ、自らの成長の軌跡《きせき》として語ることができているのではないでしょうか。

最期《さいご》に、言葉を発することも苦しくなった蛍さんは、南さんの顔を触り、意思疎通《いしそつう》をはかりながら言いました。

「もっと生きたかった、ありがとう」。

(『月刊みんなねっと』2018年3月号を加筆修正)

第7話◉ 母と娘

40年間暮らしているこの地域で日々のドラマを楽しむ

今回ご紹介をするのは、織田《おだ》 姫乃《ひめの》さん（60歳代、女性）です。織田さんとは、家族会の研修会でご一緒したことがきっかけとなり出会いました。お会いしてまだ半年余りですが、ご自身の考えや行動が、大いなるメッセージ性を持っていらっしゃる方です。

今の地域に家を建てて40年間暮らす

織田さんは高校を卒業して、２年ほど働かれた後に結婚されました。夫の明《あきら》さんは、朝早くから夜遅くまで仕事をし、海外出張も多かったようです。そのことから、家のことは結婚して以来、ずっと織田さんが切り盛りされています。また、２人ずつ娘さんと息子さんがおられます。そのお子さんたちには、節句や七夕等、日本の伝統行事を45年間欠かさず続けてこられました。

そして、結婚して5年程たった時、今の地域に家を建てて移り住み、40年間暮らし続けておられます。そこは、街全体が比較的平地で、駅が近く、公共施設や医療機関等にも、自転車さえあれば難なく行けるぐらい、便利なところです。その地域の幹線道路から少し入ったところに、10軒程の家が立ち並んでおり、その1軒が織田さんの自宅となります。

地域の人と共に子育てをしてきた

長女の真弓《まゆみ》さんが4歳、長男の猛《たけし》君が3歳、次女の光《ひかる》さんが2歳の時に、織田さん家族は、この地に住み始めました。織田さんは家の近くの電柱を囲み、近所の人たちと談笑しながら、毎朝のように真弓さんたちの靴洗いをしていたと言われます。まさに、半径10メートルぐらいのところが、交流の場となっており、4人のお子さんの子育て全盛期の最初の15年間ぐらいは、当たり前のように、近所の人たちと交流していたそうです。

その傍ら、活発な織田さんは、地域のママさんバレーボールチームに入り、この地に根差した暮らしをしておられました。

最愛の娘たちが精神疾患と遭遇

長女の真弓さんは、短期大学を卒業後に就職したものの、1年後に、上司の理不尽な指示に納得がいかず退職しました。そのことによって人間不信になり、さらに、他にもうまくいかないことが重なり、精神疾患を発症しておられます。

このことも影響してか、自宅では、真弓さんと次女の光さんとのトラブルが頻発《ひんぱつ》するようになっていました。そのようななか、ある日警察から連絡が入り、光さんを他県の山奥のゴルフ場で保護したと言うのです。その知らせを聞いた織田さんは、明さんと車で現地に飛んでいきました。ところが、光さんは「あなたは本当の親ではない。本当の親はここにいる」と言って、織田さんたちのことを受け入れなかったそうです。そこで、２人で必死になって光さんを車に乗せ、そのまま精神科に受診させ、入院となりました。

その後、長女の真弓さんは精神科病院を退院し、紆余曲折《うよきょくせつ》がありながらも、現在、グループホームに入って6年目になります。

退院後は娘を全力で守っていこう

一方、光さんは前述のように、20年前に発症以来、精神科病院の入退院を繰り返していました。２０１６年5月には、家の中が落ち着かない状況になり、光さんは「自宅ではゆっくり眠れない」と、**任意入院**（16）をしたのです。ところが、しばらくすると、光さんが**隔離室**（17）に入っていることを知りました。織田さんは驚き、理由を医師に聞いても、きち

ん と説明を受けられず、あぜんとしたそうです。

さらに、興奮を抑えるために薬が増え続け、光さんは、ろれつが回らなくなり、1人で歩くこともままならない状態になっていました。医師に薬の調整をお願いしても、「減らすと治療ができない」と言われるのみで、織田さんは「治療とは、患者をおとなしくさせ、医師の言うことを聞かせることなのか」と、疑問が膨らんでいきました。さらに織田さんは、面会時の光さんの姿から、「隔離室には患者の意思を伝える場が無く、人格も否定され、部屋から出る恐怖さえ本人に与えている」と感じました。光さんが、隔離室に閉じこもるように追い詰められているのを、面会の度に痛感したのです。

そこで、織田さんは決意しました。「患者本人の話を向き合って聞けるのは、親である私しかいない。退院させよう」。即刻そのことを医師に伝え、退院日が決まりました。織田さんは光さんに退院日を告げ、家に帰れると励まし、それから毎日面会に行きました。「(隔離室での)3カ月間、なんて辛《つら》い思いをさせてしまったのだろう」、と猛反省すると共に「退院後は娘を全力で守って行こう」と決めたのでした。

おばあちゃん家《ち》に行ってお茶を飲んでいた

退院してから3カ月間、極力、織田さんは光さんを連れて外出しました。とはいえ、1人で光さんが家に居ることもあります。ある日、外出先から織田さんが家に帰ると、光さんが向かいの家から走って出て来たのです。驚き、「何処《どこ》へ行ってたの」と聞くと「家に誰も居ないから、お向かいのおばあちゃん家《ち》に行ってお茶を飲んでいた」と言うのです。しかも、これが初めてではなく、何回かおばあちゃん家《ち》にお邪魔をしていると聞き、さらにびっくりしました。家に誰も居なくなると、寂しくなって、おばあちゃん家《ち》に行って、お茶を頂いていたと言うのです。ちなみに、そのおばあちゃんは、週に2日間、デイサービスに行っているとのこと。なので、光さんは送迎車が戻ってくると、走っておばあちゃんを迎えに行き、腰が九十度に曲がっているおばあちゃんの顔を下からのぞき込むようにして、大きな声で「お帰りなさい」と言うのです。するとおばあちゃんは、光さんの顔を見て「ただいま」とニッコリ。そして、光さんが満足して家に帰って来るのです。

そこで、そのおばあちゃん家《ち》のお嫁さんに、織田さんはお礼と共に、思い切って、光さんのことをはじめ、家の状況を話したそうです。すると、そのお嫁さんは「何処《どこ》の家にもいろいろあるからね」と言い、さらに、「光ちゃんが来てくれると、おばあちゃんも話し相手ができたと喜んでるから」と言ってくれたのです。

いつでもトイレを使ってください

また、ある日、近所の奥さんが、旦那さんが鍵を閉めて出掛けられたために、家に入れず、トイレが間に合わなくなり、織田さん宅のトイレを借りに来たことがあったそうです。すると、光さんが快く受け入れ「いつでもトイレを使ってください」と話したそうで、後日、お礼にその奥さんが来られました。すると、驚きの事実がさらに判明したのです。なんと、その奥さんの家にも、光さんがお茶を頂きにお邪魔していた、と言うではありませんか。

織田さんが家を留守にしている間、光さんは近所の何軒かの家にお邪魔をしては、愛らしいコミュニケーションを図っていたのです。この地域に住んで40年。光さんが発症して20年。まさか、光さんがこのような交流を図るとは思ってもみなかったので、織田さんも光さんの後を追うようにして、近所へお礼を言いながら、「これからもお世話になります」と話したそうです。

確固たる信念と唯一無二《ゆいいつむに》の家族への愛情

ここからは、織田さんのこれまでの歩みを振り返りたいと思います。織田さんは、光さんのことを通して、より一層、この地域に根差した暮らしをされています。一方で、地域家族会に入ってからは25年になるそうです。また、もともと園芸が好きな織田さんは、草取りや花壇づくりのボランティアとしても6年になり、真弓さんがいるグループホームへも週に1回草取りに通い、その際、職員と話もします。

このように、多くのつながりが織田さんに安心と勇気をもたらすことによって、光さんの退院の決断へとつながったのだと思います。特に、次の①〜④が、織田さんの場合、大きかったと言えるでしょう。

① 人としてどのように生きるべきかという、もともと持っていた確固たる信念

② 絶対に譲ることのできない、唯一無二の家族への愛情
③ 客観的であり誠実に相談に応じられた、セカンドオピニオンの医師
④ もやもやしていた思いに対して、しっかりと受け止められた家族会の仲間

「子どもさんの良い所は何ですか」と聞かれ、はっとした

とはいえ、1人の家族が、精神科病院から子どもを退院させるということは、簡単なことではありません。なぜなら、これまで光さんの精神症状が揺れた時には、精神科病院という社会資源を使ってきたからです。それが、これからは、基本的に入院医療を活用しない方法で、光さんと寄り添って暮らしていこう、と決めたのですから。

織田さんによると、光さんの退院を後押しした要因は、前述の①～④以外にもあったそうです。光さんが隔離室に居るとき、1人の支援者に相談をしたところ、「子どもさんの良い所は何ですか」と聞かれ、はっとしたそうです。幼少の頃の光さん。**障がい者枠**(18)で雇用され、レストランの厨房《ちゅうぼう》で一所懸命に働いていた頃の光さん。家族会の仲間に人懐っこく接する光さん。多くの光さんの姿を織田さんは思い出すことができました。何よりも、

私の大切な娘だと。

織田さんは、光さんの病気の症状しか見ていなかったことに気づいた、と言います。

九州から北海道まで桜前線を追いかけて花見をするのが夢

織田さんの夢は、車の運転が好きなので、九州から北海道まで桜前線を追いかけて花見をすることだと言います。織田さんは、これまで辛《つら》い経験はたくさんありましたが、4人の子どもさんたちのお蔭で、親として、人として成長させてもらい、いろいろな人たちとつながることができた、と感謝しておられます。

最後に。織田さんは、精神医療を否定しているのではありません。一度きりの人生、大事な大事な子どもに、社会でたくさんのドラマを経験してもらいたい。そして、生きていてよかった、と感じてもらいたい。そのように子どもが感じられることが、親である織田さんにとって幸せなことなのです。

その子どもさんにとっての身近な環境の家族として、織田さんは今では、風呂場で光さんが大きな声を出していても、「今日の声はよかったね」と言えるように変化しています。

そんなある日。

寒空の夜、織田さんが玄関先に居たところ、「姫乃さん、寒いでしょ。あっためてあげる」と光さんが、何とハグしてくれたそうです。織田さんは、「光さんの身体、あったかい～」としばらく、身を預けられたと言います。

「生きていてよかった」。織田さんが、心からそう感じた瞬間でした…。

（『月刊みんなねっと』２０１８年4月号を加筆修正）

第8話◉妹と姉

大地でたくましく生きる人たちから得た、「蟻《あり》と自分は対等な存在」

今回ご紹介をするのは、日比野《ひびの》 亜美《あみ》さん（50歳代、女性）です。日比野さんとは、約10年前、日比野さんが代表をつとめる「きょうだい会」の研修会で知り合いました。今でも、その時の、日比野さんの広い視野と快活さが、脳裏にずっと焼きついています。実は、それからほとんど交流なく経過していたのですが、今回、日比野さんの歴史や背景をもっと知りたいと考え、迷うことなく依頼をさせていただきました。

自分の好きなことをするために美術の道に

日比野さんは、お姉さんとの2人姉妹で、中学生の頃から、人形作りや、彫刻刀での彫り物が好きでした。両親からは、優等生である日比野さんの方が気に入られていたと言います。でも日比野さんは、自分のことが好きではなく、自由奔放《ほんぽう》なお姉さんのことが羨《うらや》ましかったそうです。

そのようななか、日比野さんが高校生の時、お母さんとの関係で、精神的に深く傷つくことがありました。加えて、家庭内ではお母さんとお姉さんのけんかが絶えません。これらのことが重なり、今の環境から逃れたいという気持ちが徐々に高まっていきました。そして日比野さんは、これまでの優等生だった自分と決別して、「自分の好きなことをするんだ」と心に誓い、自宅を離れて、大好きな美術の道を目指して、芸術大学に進学したのです。

その半年後には、お姉さんも家から出て、日比野さんの近くに住むようになりました。

インドが私を呼んだ

それから年月が流れ、大学2年生になった時、日比野さんは失恋がきっかけとなり、「インドに行った」というより、「インドが私を呼んだ」という感覚で、半年間インドで放浪生活をしています。インドに行った時は、死ぬことが運命なら、それでもいいと思っていたそうです。それが時間の経過と共に、インドの価値観に触れ、不思議と気持ちが楽になりました。

その1つが、「蟻《あり》と自分は対等な存在」というものです。この価値観を知って、「こんな自分でも生きてていいんだ」と思えたと言います。日比野さんは、そこでの暮らしを通して、いろんな人たちが、ずうずうしく、堂々と生きているインドが大好きになったのです。

姉が精神疾患を発症していた

その後、日比野さんは日本に戻ってきたものの、カルチャーショックで引きこもり生活になってしまいました。そのようななかでも、唯一、ようすを見に訪れてくれたのがお姉さんでした。

しばらくすると、日比野さんは気持ちがふっきれ、大学も無事卒業し、再度、日本を出たいという気持ちに駆られ、170万円を貯めて世界放浪の旅に出掛けます。2年半にわたり、西アジアやアフリカ北東部、さらには、ヨーロッパを巡り、スペイン、ドイツ、イスラエルでは、仕事もしました。日比野さんは、大地での暮らしに一喜一憂するなか、日本にいる家族のことを、すっかり忘れていました。ところが、日本に帰国した時、お姉さんは精神疾患を発症していたのです。

部屋の片隅で立ったまま、足踏みをしていた

日比野さんが一番驚いたことは、お姉さんが部屋の片隅で、足踏みをしていることでした。お姉さんは1人暮らしをしていましたが、恋人に貢《みつ》ぎ、婦人服地のデザインの仕事を辞め、精神的なバランスを崩していたのです。

そして、親戚中に「両親をよろしく」と、意味深な手紙を送っていました。そのことに

驚いた両親は、お姉さんを実家に連れ戻したのです。しかし、両親は医療機関には連れて行きませんでした。すると、しばらくした後、お姉さんは異性関係のことで再度調子を崩し、女性警官を蹴《け》り、初めて精神科病院に入院することになってしまったのです。

自分の知り合いだけには迷惑をかけないでほしい

日比野さんは、ふとこれまでのお姉さんの行動を思い起こしました。回想すると、お姉さんはかつて、日比野さんの知人にストーカーまがいのことをしていました。でもその当時は、まさか精神疾患の症状によるものだとは考えもしなかったのです。いずれにせよ日比野さんは、この時、自分の知り合いだけには迷惑をかけないでほしい、というのが正直な思いだったと言います。

話を戻します。その後、日比野さんは精神科病院の閉鎖病棟に面会に行き、「謝らないと、お父さんが病院から出してやらないと言っている」と、お姉さんに伝えたそうです。このようなことを言われれば、きっと、「退院できるためだったら、姉は自分の言うことを聞くに違いない」と日比野さんは思っていました。

「天国みたい」という言葉を聞き、悲しくて仕方が無かった

ところが、意外な言葉が返ってきたのです。それは、「病院のほうが楽。たばこが不自由だけど、何も心配せず、何もしなくていいから天国みたい」と言ったのでした。日比野さんはこの言葉を聞いた時、悲しくて仕方が無かったと言います。お姉さんは、精神疾患を発症した。結婚して産んだ子どもとも、離れて暮らしている。日比野さんは、虚《むな》しい気持ちになりました。しかし、入院してしばらくした後、そのお姉さんに対して、主治医の先生が「一番信頼できるのは誰?」と聞いたら、「妹だけ」と答えたそうです。

きょうだい会の立ち上げと、そこで知る新たな価値観

日比野さんは、この話を聞いた頃から少しずつ、お姉さんに対する思いが変化していくようになりました。と同時に、自身の暮らしも、変化を遂げるようになります。日比野さんは、日本に戻った当初、英会話学校、日本語学校、パッケージ企画のデザインの仕事に就いていましたが、その後、介護福祉士等の資格を取り、以降、介護職員として働いてい

ます。加えて、東京に「きょうだい会」があることを知り、地元の地域でも「きょうだい会」を作りたいと考え、実際に立ち上げ、現在、その代表を13年間続けています。

きょうだい会は、週末に、2カ月に1回定例会を開催していますが、活動を始めて間が無いころ、参加者の1人が「兄はとてもいい人です。私がなっていたかもしれない病気のくじを兄が代わりに引いてくれた」と語ったそうです。その言葉を聞いた時、日比野さんは、こんな風に考えることができる人が世の中にはいるんだと、新鮮な気持ちになったそうです。加えて、お姉さんに対する被害者意識を持っていた自分が恥ずかしくなったと言います。

2人で韓国ドラマを観るのが日課

いま日比野さんは、仕事漬けの毎日を送っておられます。一方、同居しているお姉さんは落ち着き、パートタイマーとして働き、日比野さんのご飯を作ってくれますし、洗濯もしてくれます。日比野さんにとって、お姉さんはありがたい存在。一方で、お姉さんは日比野さんのことを、精神薬よりも勝る存在だと言うそうです。そして、2人で韓国ドラマを観るのが日課になっています。

日比野さんは、朝焼けを見て、雲を見て、夕陽を見て、月を見て、星を見て、何か感じられたら、まだ大丈夫と思うようにしている、と言います。また、同じ空を別の国の人たちも見ていると思うと、多くの人たちとのつながりを感じるそうです。加えて、「知らない街をただ歩いてみる。近所の神社に老木があるので、時々歩いて、あいさつにいき、感謝する」という営みもしておられます。そして、好きな喫茶店で、好きな雑誌を読んで、次の旅行を考えることが楽しみでもあり、気分転換だそうです。

多様な生き方や価値観を知っておれば、どことなく、気持ちの余裕ができる

さて、ここからは、日比野さんのこれまでの歴史を通して、私なりの感想を述べたいと思います。私たちは概して、何かの課題に直面した時、自分がこれまで経験してきたことや、社会での人間関係を思い起こしながら、必死に対応を考えます。ですから、年をとればとるほど、経験値によって対応する「引き出し」も増えることになります。すると、ある人は言うでしょう。「俺は、こんなにも社会を知っているから、どんなことでも対応で

きるよ」と。でも実際はと言うと、知っているようで、社会にはまだまだ私たちが知らないことが山積みなのです。

今回、日比野さんの歩みを知り、一番の感想は、改めて「広いなー」ということです。20歳代の頃から世界を旅している日比野さん。目に映る大地、貧困による飢《う》えのなかでも必死に生きる人間の姿、人間の情、そして、どこから見ても変わらない上空。人間とは不思議なもので、目の前の課題が変わらなくとも、自分自身が多様な生き方や価値観を知っておれば、どことなく気持ちの余裕ができるのです。そんなことを、日比野さんは、自身の歩みのなかで体感しておられます。

尼さんが背中を押してくれた

とはいえ、多くの人は、日比野さんのように世界を訪れることができるとは限りません。だからこそ人は、つながり、補い合いながら、社会で生きていくべき存在なのではないでしょうか。

一方で、人間とは弱いものです。最初から、自身や家族の精神疾患をすぐに受け入れることは到底できません。実際、日比野さんも2年半ぶりに日本に戻ってきて、お姉さんの精神疾患の発症を知った時、すぐに現状を受け入れることができませんでした。日比野さんは、「私にはどうしようもなく、すぐにタイ国に逃げた」と振り返ります。すると、旅先のタイで日本人の尼さんに出会い、そして次のような言葉をかけられたそうです。

「外国に行きたければいつでも行ける。今あなたを世界中で一番必要としているのはお姉さんだから、日本に戻って、お姉さんのためにできることを」。

おそらく、日比野さんは、海外に逃げたのではなく、どのように、自身の今後の人生を歩むかについて、気持ちの整理をする時間や、じっくり考えられる場所が必要だったのでしょう。それが、タイだった。そして、そこで出会った尼さんが背中を押してくれたのだと思います。

誰もが自らの人生の主人公。日比野さんいわく、「姉のことがあって、高齢者の福祉にかかわるようになりました。おかげで、父ともよく話せるようになったし、すべての人に、人生のドラマがあることがわかった。今後、多くの人の人生を文章にしてみたい」。

精神障がいのある本人や家族は、暮らしにおいて多くの不便があろう。だが、そのことと引き換えに、日々のドラマから彼女たちは、人の優しさや魅力に気づく感性を得ているのである。私は、これからも、そのような彼女たちと末永く交流したい。なぜなら、人として、私もまた豊かになれるから…。

（『月刊みんなねっと』２０１８年6月号を加筆修正）

第9話◉父と息子

社会での感動を描(書)き、他者と対話することは存命《ぞんめい》の喜び

今回ご紹介をするのは、上田《うえだ》 武《たけし》さん(80歳代、男性)です。1年ほど前、上田さんより、熱い想いの伝わる依頼を頂き、講演したことがあります。その際、多くの質問が届いたことから、約束の時間を超過してしまったのです。私は、運営に支障をきたしてしまったと恐縮。ところが、最後の挨拶で上田さんは「時間を超えて、こんなにも熱く…」と感極まったのです。上田さんという人は、このように情熱的な方です。一方で、趣味も多彩で、エッセーや絵画、さらに、時評文等を書いては、こまめに送ってくださいます。そして、「あなたの意見を聞きたい」とメールが届くのです。上田さんとのつきあいは、かれこれ20年ぐらいになります。

「一言居士《いちげんこじ》」は半世紀以上前から

上田さんは物事に対して、「これは」と思われると、とことん追求し、積極的にどのような場面でも発言するため、周りから「一言居士」と言われます。ちなみに、一言居士の意味は、何事にも、必ず何かひとこと言わなければ気のすまない人のこと、とされていますが、もともとは、在家で仏教に帰依《きえ》する男子のことを指していたようです。

実際、研修会で「ご質問のある方は」と言うと、上田さんの手が上がり、長めの演説が始まります。すると決まって私は、話の切り上げに絶妙のタイミングをねらうのです。そのことから、事前に会場で上田さんを見つけると、心の準備をしていることは言うまでもありません。

そのようななか、今回、上田さんの歴史を聞くことによって、一言居士が半世紀以上前からであったことがわかりました。このことをはじめ、まずは上田さんのルーツに迫りたいと思います。

多様な気づきや想いをキャンバスに表現

上田さんは7人きょうだいの長男として生まれ、10歳の時に終戦を迎えます。そのような時代背景のなか、上田さんは有名私立高校、国立大学へ進学し、平和の大切さを学ぶと共に、美術部に入り、多様な気づきや想いをキャンバスに表現しました。

大学を卒業後は、東京の教科書会社で4年間勤務したのち、地元に戻り、私立・公立高校の主に社会科教師として34年間勤めています。その間も、ずっとエッセー等の執筆、絵を描くことは継続しており、これまで絵画の個展は計17回を数えます。また、絵画グループには、高校・大学の美術部ＯＢ会の他、複数のところに所属し、それぞれのグループ展にも出品。加えて、２０１０年にはエッセー集を自費出版されています。

それらの作品には、自身の学生時代のこと、教科書会社や高校における、人としての譲れなかった想い等が記されているのです。また、後述しますが、息子さんや弟さんのことも書いておられます。

念願の社会科教師の夢が実現

上田さんは、社会が平和であり、そのために、自身ができることは何かを問い、これまで発信し続けてきました。その1つが、教科書に過去の過ちを正しく掲載することだったのです。とはいえ、当時の教科書会社では、買い手である教師に媚《こ》びを売らないと、自社の教科書が採択されません。その現状に、上田さんの心は折れそうになりました。一方で、真実への追求として、組合活動が高じていき、会社の重役から睨《にら》まれることになります。結局、次の就職先のあても無いなか、４年間で教科書会社を退職し、上田さんは地元に戻ることになります。

そして、大学を卒業して7年後、念願の社会科教師の夢が実現します。上田さんは、自身もほとんど教えられなかった近現代史、社会の現実に高校生が関心を持って向き合えるようにと、生々しい教材を発掘しました。また、生徒たちのグループでの調べ学習や意見交換も取り入れ、主体的に考える機会を創ったのです。それは、戦争の過ちを決して繰り返してはならない、という強い想いがあったからに他なりません。また、そのようすを、当時としては珍しいビデオで撮影し、振り返り学習に役立てたりもしました。しかし時には、一部の生徒から「これが受験につながるのか」という反発や、保護者の苦情も少なからずあったと言います。

それでも上田さんは、ぶれることなく、教師生活を全うされました。そして、自身のこれから先の人生を、絵画や文筆に精力的に取り組める、と楽しみにしていたその矢先のことでした。

親に心配させまいと思い、あえて、何でもないような話をした

家から離れ、1人暮らしをしていた大学院生の息子の守《まもる》さんのようすに異変がある、とゼミナールの先生から連絡が入ったのです。上田さんは驚き、下宿を訪ねました。ですが、守さんからは、特段の変化を感じられなかったのです。守さんは、親に心配させまいと、あえて、何でもないような話をしたのでしょう。それでも、家族が数日後に訪ねると、部屋はゴミで埋まっていました。上田さんは、「その時点で早く手を打つべきだったのに、定年前の多忙な勤務で私は何もしてやれなかった」と今でも悔やんでおられます。

その後、守さんは家に戻ってきて就職をします。周囲はひやひやしましたが、必死に働

き出しました。そして、これで一安心と思った頃、職場の人間関係などで退職。その後も守さんは就職と退職を繰り返したのです。

一番心に落ちたのは「今では当事者の我が子と山登りもしている」

その状況に対して、定年直後の上田さんは「これから、どうするつもりか」と、怒鳴りました。それは、子どもの病に対して、あまりにも無知で実に冷たい言葉だった、と当時を振り返ります。いずれにしても、家族はオロオロするばかりでした。

守さんの発病の頃は、思い出してみても、悪夢のような日々でしたが、それでも、一番心に落ちたのが、家族会で聞いた「今では当事者の我が子と山登りもしている」という会長さんの言葉でした。

「いつかそんな日が我が家に来るのだろうか、と思いましたが、不思議と、その言葉を聞いてほっとした」そうです。

それから20年近くたった今、上田さんは、たまに守さんと旅行に出掛けています。

覚悟して家族会への入会を告げた時、感極まって涙した

教師を定年後、上田さんは腹をくくっていました。地域家族会の集いに参加し、覚悟して我が子のことを語り、皆の前で入会を告げた時、感極まって涙しました。人生の転機だと思った、と言います。

すると、その後すぐに家族会が運営する作業所の所長を頼まれました。行政機関等からも、次々と役割が回ってきて、いま上田さんは、9つの委員等を担っています。これらは、上田さんにとって、病と闘いながら暮らす人々に本気で向き合い、支え合う世界に身をおくことの決意表明とも言えます。

すべてが必然としてつながり、今を生きる

上田さんは、主張もするけど、一旦納得すれば潔《いさぎよ》く笑顔で非を認めます。少年のような心も持ち合わせています。そんな上田さんの感性は、どのようにして培われてきたのでしょうか。そこで、上田さんが追体験した何名かの人を紹介し、その上で最後に私から感

想を述べたいと思います。

上田さんの一番下の弟の正《ただし》さんは、大学の農学部へ進学し、卒業を迎えた年、進路に迷って上田さん宅を訪れ、2人で水炊きをつつきながらビールの杯をかわしました。その4年後、父親が亡くなった時には、東京から駆けつけた正さんは、通夜で一睡もすることなく、黙ってロウソクの火を守り通すと共に、山登りで鍛えた身体で、棺《ひつぎ》を団地の5階から1階まで持って降りました。これらは、忘れられない貴重な思い出となってしまいました。なぜなら、その2カ月後、正さんは山で遭難し、26年間の生涯を終えることになってしまったのです。

家族会活動で仲良くなった、上田さんより9歳年上の川上さんが10年前、脳腫瘍《のうしゅよう》で入院したときのこと。お見舞いに行くと、「先生、久しぶり」。なんと、川上さんの次男の隆《たかし》さんは上田さんの高校の教え子だったのです。そのお兄さん（長男）が精神障がいを持っていたのです。隆さんもまた、上田さんと同じように、精神障がいのある人の家族という立場になりましたが、20数年前には互いに予測もしなかった未来です。

上田さんが作業所の所長をしていた頃よりかかわっていた菊池《きくち》さんは、精神科病院に長期入院の末に退院し現在は団地で1人暮らし。入院中に上田さんが贈った画材で、絵手紙を書いては送ってくれ、「絵は私の生きがいになりました」と言います。今では腕をあげ、公募展で受賞するまでになっているのです。菊池さんは、はにかみながら、画材を置いている部屋を「私のアトリエ」と言い、暮らしを楽しんでおられます。

そして、上田さんの息子の守さんは、約20年前、上田さんの個展に来て、長い手紙を渡されました。「お父さんの人生は充実していたのではないでしょうか。私は人生の喜びとは無縁な生活でした。研究職がどんなに厳しいかは、僕自身が理解しているつもりですが、大学院へもう一度トライしたい」。そして、「本当は結婚式の日にでも言うのでしょうが…」と、そこには父母への感謝の言葉が綴られていました。守さんは、現在1人暮らしを始めて4年目。上田さんは、最近たまたまこの手紙を見つけ、守さんの当時の気持ちを想像すると、涙が止まらなかったと言います。

家族それぞれの人生。還暦を迎えた高校の教え子たち。そして、病院や作業所で出会った精神障がいを持ちながら、社会で生きる人たち。さらに、彼らを支える人たちの懸命な姿。すべてが、上田さんの人生には、必然の出会いだったのです。誰かひとり欠けても、どの場面が欠けても、今の上田さんはいなかったに違いありません。

上田さんはこれまで、多くの人たちの人生を追体験してこられました。そのなかで、人にとって大事なことは、人の表面的な肩書きや収入の多寡《たか》ではなく、「懸命に生きる姿」だということに、価値を見いだされるようになったのではないでしょうか。

私たちは人生の最期《さいご》の瞬間、きっと一度きりの人生を、どれだけ誠実に生きてきたかを振り返ることでしょう。加えて、懸命に生きる人たちに寄り添い、泣き笑いの輪にどれだけ入ることができたか、と。

その際、待つだけではなく、「こんな生き方もありますよ」と、多くの人々に気づいてもらえるように、自分が感動したことを、ありったけの感性で、表現するのも1つの方法ではないでしょうか。それが、上田さんの場合は、絵画や文章表現なのです。最後に、上田さんの言葉を紹介して、まとめにかえさせていただきます。

「大自然の美しさに感動し、表現することで伝えられる喜び、他者と対話する楽しさは、存命の喜びです」。

（『月刊みんなねっと』２０１８年5月号を加筆修正）

第10話◉母と息子

ユーモアと愛情をもって温かい家庭を作ってきたその先に感じられること

今回ご紹介をするのは、天井萌奈賀《あまいもなか》さん（60歳代、女性）です。天井さんとは、昨年の冬に、家族会の研修会で知り合いました。私はコーディネーターで、天井さんが発表者。事前の打ち合わせにおいて、主催者より「写真を撮っていいですか」と聞かれた時、彼女はしばらく戸惑っていました。あれ、気にされるのかな、と思っていたところ、次の瞬間、そうではないことがわかったのです。「スマートに撮ってくれるのなら、いいですが？」と。天井さんは、ユーモアがあり、かつ、情の深い人です。

今回は天井さんの歴史に触れてみることにします。

電話交換の仕事をしながら、夜は定時制高校へ

天井さんは一人っ子。また、家庭的な事情から、主に祖母に育てられました。一方で、母親は、経済的に家庭を支えるために、一所懸命に働かれたそうです。そのような家庭状況を見ていた天井さんは、中学校を卒業すると、すぐに働く道を選択しました。昼間は銀行で電話交換の仕事をし、夜は定時制高校へ４年間通い卒業されています。

その後、かねてより交際していた警察官の司《つかさ》さんと20歳で結婚。22歳の時に長女の安子《やすこ》さん、24歳の時に長男の隼人《はやと》さんが産まれました。天井さんは、これまでの自身の経験からも、温かい家庭を作りたいという思いが、人一倍強かったそうです。

声に出して歌うと気持ちがすっきりする

天井さんは、安子さんと隼人さんが小学生の頃、ＰＴＡコーラスを始めています。また、電話交換の仕事は、結婚を機に退職し、その後、子育てをしながら、そろばんの先生、医療事務等の仕事に就かれています。

一方で、更生保護女性会にも籍をおき、少年院の慰問等をし、誕生会でミュージックベルを演奏したり、おしゃべりをしたりと交流を続けておられます。ちなみに、更生保護女性会とは、地域社会の犯罪や非行の防止、さらには、非行をした少年の更生等に協力することを目的としたボランティア団体です。天井さんは、環境的なことから、非行をしてしまった少年たちのことを、我がことのように捉え、愛情をもって活動されています。社会や大人を信じられない少年たちに、人の温もりを伝えておられるのです。でも、それは、一方的に「してあげる」という活動ではなく、天井さんにとっても、「声に出して歌うと、気持ちがすっきりする」というように、互いに恵のある、循環的な関係だと言えます。

留学生を積極的にホームステイとして受け入れた

環境の大切さを、体験的に知っている天井さんは、司さん、安子さん、隼人さん、そして、天井さんの母親と共に、会話のある家庭を築いてこられました。安子さん、隼人さんは、おばあちゃんと同居していることもあって、自然と困っている人に手を貸したり、年配の人を大事にしたりと、優しい人間に育ちました。

また、天井さんは、子どもたちに、広い視野を持ってもらいたいと考え、海外からのホームステイを積極的に受け入れてきています。このようなこともあり、安子さんと隼人さんは英語が大好きになったのです。とりわけ、隼人さんは大学でも英語を学び続け、就職試験では、通訳の仕事を受けたほどでした。ただし、最終的には司さんの背中を追うように、大学卒業後、警察学校に入学します。

何かに怯《おび》えるように寮から家に戻ってきた息子

ところが隼人さんは、厳しい縦社会の警察学校において、うまく順応することができませんでした。そのことから体調不良となり、5月には警察学校をやめ、寮から実家に帰ってきたのです。その時は、何かに怯《おび》えているようで、睡眠もほとんどとれていないようすでした。

その後、親戚宅の仕事を手伝うために、再び家を出ることになります。天井さんは、これで何らかの活路が見いだせれば、と思っていたものの、そのようにはなりませんでした。しばらくすると、以前よりも精神状態が悪化して、家に帰ってきたのです。新幹線で帰ってくる途中、隼人さんは「飛び込もうと思った」と。そして、その夜には、不安感から大声をあげ、精神科病院を受診することになったのです。

「今夜は寝れるかな」と言うのを聞くのがかわいそうで辛《つら》かった

隼人さんは、夜に眠れない。なのに、昼間も眠れない。薬を飲み眠っていたとしても、寝た気がしない。脳が眠っていない睡眠障がいが続き、「今夜は寝れるかな」と口癖のように言っていました。天井さんは、その言葉を聞くのがかわいそうで、辛《つら》かったと言います。そして、不安感も依然として強かったことから、薬調整もあり、初めて精神科病院に入院しました。すると、日ごとに良くなり2カ月弱で退院したのです。

退院後は司さんの知人が、ガスメーターの交換の仕事に、隼人さんを、退院2日目から毎朝迎えに来てくれました。薬の影響から、午前中は足元がふらつくこともありましたが、隼人さんは1年間働き続けたのです。本人も家族も不安ななか、人の優しさについて、身をもって感じた1年間だったと、天井さんは振り返っておられます。

家族会に入り、同じ悩みをもつ仲間ができた

一方で、天井さんは、保健所で地域家族会の存在を教えてもらい、隼人さんの発症後1年ぐらいしてから、家族会に足を運んでいます。また、仲よくなった他の家族から相談を受け、司さんと一緒に、その家に夜遅くに駆けつけたこともありました。今も、その方とは家族ぐるみでつきあっているそうです。

現在、天井さんは、地域家族会の役員会に月に1回、定例会に2カ月に1回、参加されています。加えて、天井さんは「ふれあい会」という集いの場を提案し、2カ月に1回開催しています。そこでは、いつ来て、いつ帰ってもいい。参加者が、一緒に手芸をしたり、食事をしたりしながら。とにかく、お茶を飲みながら、おしゃべりする場として、5年ぐらい続いています。天井さんいわく、「楽しいですよ。何かしながら、がいいですね」と。

「行ってみるか」がきっかけで、始めた仕事がもうすぐ10年目に

話を隼人さんに戻します。精神疾患を発症してから約10年間、隼人さんは、精神科病院に通院を継続していました。加えて隼人さんは、病院の喫茶店において、調理やレジ係を経験しました。また、ソフトバレーボールにも参加し、そこでは全国大会にも出ています。このように、隼人さんは疾患や障がいと折り合いをつけながら、時間を重ねてきたのです。

そのようななか、ある日、通院先のソーシャルワーカーから、**就労移行支援事業所**(19)へ「(就職を目指して)行ってみるか」と誘われたそうです。すると隼人さんは、行くことを決断しました。しばらくの間は、練習のようなことからスタートし、ホームヘルパーの派遣事業所に勤め始めて、もうすぐ10年目になります。

几帳面《きちょうめん》な性格の隼人さんは、給与計算や文書の校閲《こうえつ》等が得意で、事務職として「自分の長所が活かされている」と言うそうです。事業所もそのことを理解しており、現場で人が足らなくとも、「ホームヘルパーに」と打診することは決してありません。月末になると残業も多く、日付が変わってから帰宅することもありますが、隼人さんは、趣味の一人旅

を時折楽しみながら、やりがいをもって仕事に取り組まれています。また、天井さんと司さんは、年に1回、隼人さんから旅行のプレゼントを受けるそうです。

「2人で、そういうことばっかりやっているね」

さて、ここからは天井さんのこれまでの歩みを踏まえ、私の感想を述べたいと思います。

天井さんにとって、温かい家庭とは、次のようなことだと思います。それは、家族はもとより、社会で暮らす人たち誰もが、笑顔でいられるように、一緒に考えあえるチーム。仮に、辛《つら》そうな人の存在を知ったら、決して知らないふりをせず、そこに可能な限りかかわり、自分たちの事として、共感できるチーム。実際、夫の司さんもまた、警察を退職した後、保護司として、犯罪や非行からの更生保護に携わっておられます。そして、つい数日前、2人でお茶を飲みながら、「2人で、そういうこと（家族会活動や更生保護等）ばっかりやっているね」と笑っていたそうです。

「生きている」「暮らしている」、という想いが感じられた時

天井さんに限らず、家族は、大事な子どもの精神疾患の発症時の辛《つら》かった表情を、一生忘れることができません。きっとその頃、天井さんは隼人さんが、夜苦しまずに寝ることができ、冗談でも言ってくれようものなら、それだけで親としては、十分だったのかもしれません。

私は、親という間柄の家族が最も望んでいるのは、かけがえのない子どもから、「生きている」「暮らしている」、という想いが伝わる景色を一緒に見られることだと思っています。隼人さんの場合は、発症から10年後、就労を通して、社会の多くのライフイベントを経験しているのです。

「おかえり」という四文字に精一杯の気持ちを込めて

今日も、そして、明日も、隼人さんは仕事から帰ってくると、「ただいま」と言います。天井さんは、隼人さんが、この言葉を当たり前に発するまでに、どれだけ苦しい経験を重

ねてきたかを痛いほど知っています。だから、本当は毎回抱きしめ、たくさんのねぎらいの言葉を伝えたいことでしょう。でも、あえて「おかえり」という四文字に精一杯の気持ちを込めて発しているのだと思います。

人生、何がいいかどうかなんて

約半世紀（50年）前、天井さんは、自身のどんな未来を想像していたでしょうか。司さん、安子さん、隼人さんや家族会の仲間。すべての人たちが天井さんにとって、大切な存在。また、天井さん宅には、愛猫が2匹（4代目と5代目）いて、悲しんでいる時も、傍《かたわ》らに寄り添ってくれます。隼人さんが夜遅くに帰宅すると、玄関の戸を開ける前に、愛猫は迎えに出ます。また、近所には、長女の安子さんが優しい夫と暮らしておられます。

私たちはできれば、辛《つら》い経験をしたくありません。でも、結果的に辛《つら》い経験をすればするほど、人のことを自分のことのように考えられるようになります。人のちょっとした優しさを見逃しません。すると、自然と嬉し涙が溢《あふ》れます。人生、何がいいかどうかなんて、誰にもわからないのです。

とはいえ、1つだけ言えることがあるとするならば、辛《つら》かった事柄に向き合った先にこそ、本当の意味での幸せを見つけられる。そして、人として、優しい背中がつくられる。人生とは、幸せとは、人とは、本当に深い…。

（『月刊みんなねっと』2018年7月号を加筆修正）

第11話◉母と息子

豪快な笑いの奥にある、不便や辛《つら》さを超越した周囲を包み込む愛情

今回ご紹介をするのは、広井《ひろい》恵子《けいこ》さん（70歳代、女性）です。今から12年前、私は、ひときわ大きな声で喋《しゃべ》り、豪快に笑う、広井さんに出会いました。でもその時、不思議と笑いの奥にある「何か」が気になったのです。

15歳で親元を離れ、働き始める

広井さんは、雪深い山間の村で育ち、中学校を卒業すると家を出て従業員が約1500人いる繊維会社の寮に入って働くと共に、定時制高校に通いました。この両立だけでも大変なのに、しばらくすると広井さんは、労働組合の役員に推薦されます。広井さんは、様々な問題を放っておけず、社会変革の視点まで持つようになったのです。弱冠18歳で。

「ふつつかなおふくろですけど、よろしくお願いします」

そのような広井さんに転機が訪れます。仕事の合間をぬって、電車で片道3時間ぐらいかけて実家に帰る途中、偶然、車中で知り合った女性から広井さんは気に入られ、「うちの息子の嫁に」となったのです。

話は進み、広井さんは22歳で結婚。長男、長女、次男という順番で、3人の子宝に恵まれます。ところが最初の夫は、ギャンブルにのめり込むことに。結局、子どもたちにも背中を押され離婚をしました。

その後、しばらくしてから、広井さんは現在の夫の文也《ふみや》さんと出会います。でも、子どもたちの気持ちを大事にする広井さんは、再婚を迷っていました。すると、18歳の長男の博《ひろし》さんが、文也さんに「ふつつかなおふくろですけど、よろしくお願いします」と言ったことで、家族全員の表情が緩《ゆる》み、再婚を決断することになったと言います。

千を超えるロープの全種類を数日間で覚えた

博さんは元来、勉強や運動ができ、人間大好きな人。中学時代は水泳が得意で、強豪校から勧誘があったほどです。結局、地元の高校に進学しましたが、博さんは18歳になると、さらなる可能性を求め、家族に相談することなく、自衛隊に入りました。自衛隊には4年間在籍しましたが、射撃で賞を取る等、充実していたそうです。

その後、自衛隊時代の先輩から誘われトレーラーの運転をしたり、運送会社に勤めたりします。器用でコミュニケーション能力が高い博さんは、行く先々で、重宝されました。

そして、29歳の時に実家に戻り、船等に使用するロープの製造会社に勤めます。すると、博さんは、千を超えるロープの全種類を数日間で覚え、周囲を驚かせ、たちまち貴重な人材となったのです。

交通事故に遭い危篤《きとく》状態に

一方で、博さんには、亜紀《あき》さんというフィアンセがいました。亜紀さんは仕事帰りに、毎日のように広井さん宅を訪ね、結婚式の準備をしていたのです。広井さんは、我が子同然に、亜紀さんを大切にしていました。

そんなある日、友だちのところに、2人で結婚することの報告に行った翌朝、博さんは亜紀さんを助手席に乗せ、職場に向かっていました。午前7時25分。その時、悲劇が起こったのです。交通事故に遭い、車は大破。亜紀さんは軽傷で済んだものの、博さんは意識不明の危篤状態になりました。

愛することを認識する脳は違うんだね

広井さんは、毎日、病室を訪ねましたが、博さんの意識は戻りません。それでも、すがる想いで博さんの手を握り、声をかけ続けました。「博、いつまで寝てんの。仕事に遅れるよ」。そして、2週間ほどたった時、奇跡が起こったのです。何と、博さんが手を握り返したのです。広井さんは、急いで医師に報告をしました。医師は、「そんなはずはない」と。ですが実際、意識が回復し始めたのです。

それから、博さんは、徐々に言葉を発したり、動けたりするように。ところが、病室の前のトイレに行っても戻って来ません。同級生の母親には、「保険屋のおばさんだ」と言ってみたり、とんちんかんな発言や行動を繰り返したのです。事故前の博さんとは別人のようになっていました。

そのようなか、亜紀さんが病室に来た瞬間、博さんは「あ、亜紀ちゃんだ」。広井さんは、愛する人を認識する脳は違うんだ、と思ったそうです。

「お母さん、家に兄貴はいなくなったね」

博さんは、100日間の入院の末、退院することができました。しかし、以前の博さんの面影はありません。子ども返りをしているかと思うと、急に怒り出す。便や尿の失敗をするけれども、匂《にお》いに対して鈍感になっていることから気づかない。かたや、街で高級羽毛布団の契約をしてしまう。これらのことが重なるなか、ある日、弟の卓《すぐる》さんが、広井さんに対して「お母さん、家に兄貴はいなくなったね」と言ったそうです。卓さんは、以前の博さんとは程遠い姿を受け入れることが辛《つら》く、また、その言葉を聞かされた広井さんにとっても、悲しい言葉でした。

一方で、広井さんは、亜紀さんのことが気になっていました。このままつきあい続けて、いいのだろうか。亜紀さんには、幸せになってほしい。そこで、別れることを勧めたのです。亜紀さんはそれでも、「つきあいたい」と言い張ります。何度も話し合いをし、事故から約1年後、亜紀さんは泣きながら、博さんのもとを去っていきました。

気づけば、約4時間喋《しゃべ》っていた

そんなことがありながらも、広井さんは感傷に浸る余裕はありません。博さんの事故後の行動変化の原因を知りたい。少しでも回復につながればと、市役所や県の窓口に行きました。そして、事故から5年たった時、新聞の記事をもとに、一人の医師を訪ねました。すると、その医師は博さんを診察すると、広井さんに「高次脳機能障がいです」と言ったのです。

広井さんは、その言葉を聞き、嬉しくてたまらなかったと言います。やっと、原因がわかった。「先生、そういうことなんですね」。

社会活動に若い頃から取り組んでいた広井さんは、自分が向かうべき方向性を見いだせました。調べてみると、博さんと同じように、高次脳機能障がいになっている人が、全国にたくさんいることもわかったのです。そこで、「この地で、お母さんたちが集まって、何かできないだろうか」。とりわけ、隣の市に住んでいる川上さんもまた、息子さんが交通事故に遭い、同じような状況になっていたのです。2人は、地元の大海原に面したホテルのロビーで、溢《あふ》れんばかりの陽射《ひざ》しを受けながら、気づけば、約4時間喋《しゃべ》っていたと言います。

この子のことで動くとすっきりする

広井さんは、川上さんたちと家族会を作り、家族が吐露《とろ》できる場と共に、博さんたちの日中活動の場として、作業所作りに取り組みました。情報を得るために、全国大会に参加したり、市役所に説明に行ったり、今まで以上に忙しい日々を送ることになったそうです。日々の生活の大半の時間を、これらの活動に費やしていました。

そのような広井さんを見て、友だちは心配しました。友だちは「芝居を一緒に」、と広井さんを誘います。でも広井さんは芝居を見ても、心の底から楽しめません。「博はどうしているかな」と、常に気になるのです。周りから見たら、大変と思われるかもしれないけれども、「この子のことで動くとすっきりする」と広井さんは言います。

「お母さん」と呼ばれて振り返ったら

そんなある日、広井さんがいつものように買い物をしていたところ、後ろから、「お母さん」という声が聞こえてきたのです。最初は「まさか自分に」と。でも、その声が近くなってくるので、振り返ると、何とそこには亜紀さんがいたのです。約8年ぶりの再会となりました。

2人は、周りの目をはばからず、泣きながら再会を喜び合いました。すると亜紀さんは、結婚したことを伝えると共に、「私だけ幸せになってごめんね」と繰り返したそうです。それを聞いた広井さんは、「あんたが幸せになってくれて、本当に嬉しいよ」と精一杯の想いを込めて伝えたと言います。

亜紀さんが広井さんを見つけたとしても、避けることもできたはずです。仮に声をかけるにしても、普通なら名字で呼ぶでしょう。でも、「お母さん」と呼んだ。広井さんは、「あ、この子（亜紀さん）は、本気で結婚しようと思ってくれていた」と思うと、嬉しいと共に、運命かな、とも思ったそうです。

「あの日（事故当日）、あの時間、あの道を通らなければ」。

荷物を全部、この子がしょってくれた

その広井さんには、実の娘さんもおられます。長女の彩《あや》さんは、片道800キロぐらい

離れたところに嫁がれました。博さんの事故を知った時、彩さんは不眠不休で病院に駆けつけ、看病をしている広井さんを休ませようとしました。でも、「あんたの方が、遠くから来て疲れているんだから、家でゆっくりして」と、家で休息を取らせたのです。

ところが数時間後、広井さんが家に帰ると、彩さんは、掃除、洗濯を済ませ、庭の草ぬきもし、おまけに、夕飯の支度までしてあったのです。事故から20年以上たった今でも、彩さんは、3カ月に1回ぐらいは帰省します。その際、家が汚れていると、彩さんが動くことを知っているので、「連絡が来ると、必死に掃除をするのよ」と、広井さんは大笑いしながら語ってくれました。

話を最初に戻します。広井さんは、事故から22年がたち、これまでの泣き笑いを、私にアルバムを見せながら話してくれました。そして最後に、「この子が、事故をして、我が家の大変な荷物を全部しょってくれたと思っています。52歳になっても、本人が喜ぶことを言うとニコニコ笑う。ほめるといいんだね」と、優しく語ってくれたのです。

広井さんは、これまで涙が枯れるほど泣き続けました。すると、あとは笑うしかないと言います。一方で、障がいのある人のドラマは、悲しくて見ることができません。なぜなら、その裏側に家族の姿が想像できるから。

もしかしたら、博さんは病室で生死をさまよっていた頃、広井さんが声をかけ続けなければ、今、この世にいたかどうかはわかりません。その博さんの命が多くの人を広井さんにつないでくれました。私もそのひとりです。広井さんには、悲壮感が一切ありません。不便や辛《つら》さを超越《ちょうえつ》した愛情が博さんのみならず、周囲を包み込んでいるからです。

きっと、長女の彩さんは、「あんた、自分のことを大事にしないと」と豪快に笑いながらも、喜ぶお母さんの顔を見たくて帰ってくるのでしょう。それが、彩さんにとっての幸せなのだと思います。

たくさん泣く。それ以上に、たくさん笑う。すると、人が引き寄せられるように、たくさん集まり、語り始めるのです…。

(『月刊みんなねっと』2018年8月号を加筆修正)

第12話◉弟と姉

兄弟姉妹の立場であると共に支援者でもある私の宣言

今回ご紹介をするのは、風間《かざま》 真《まこと》さん（40歳代、男性）です。今から11年前、私は就労継続支援B型事業所の管理者をしている風間さんと出会いました。当時、私が今の風間さんの年齢で、風間さんは20歳代でした。

その時の風間さんの印象は、明るく、快活で、一所懸命な青年。その後も、何度か会う機会がありながらも、風間さんの歴史について知ることはありませんでした。そのようななか、昨年ある雑誌に、「お姉さんが精神障がいを持っている」という風間さんの記事が私の目にとまったのです。

周囲の評価とは裏腹に苦しかった小学校・中学校時代

風間さんは元来、真面目な人柄。そのこともあり、周囲から評価され、小学校・中学校では学級委員を担っています。また、中学校ではバスケットボール部のキャプテンにもなりました。ところが、風間さんは実のところ、皆の模範になったり、まとめたりするということが苦痛だったのです。でも、逃げてはいけないという一心で、無理やり頑張っていたと言います。そのようなことから、今でも、小学校・中学校時代には二度と戻りたくないそうです。

とはいえ、風間さんは一度取り組み始めたことは貫徹《かんてつ》したいという気持ちと、負けず嫌いの性格から、将来はバスケットボール選手になれたら、という夢を持っていました。

優しくて、話も上手で、面白いお姉ちゃん

そのような風間さんは、両親、姉、妹の5人家族で高校を卒業するまで暮らしていました。とりわけ、2歳年上のお姉さんとは仲が良かったと言います。小学生の頃、母方の実

家まで何度か、2人で喋《しゃべ》りながら電車で行ったことは、小冒険のようなもので、未だに忘れられない楽しい思い出になっています。また、お姉さんは、両親と風間さんとの関係において、何かにつけ援護射撃をしてくれたそうです。

さらに、お姉さんとは、同じ高校に通っていたことから、教員や部活のこと等、共通の話題もたくさんありました。ですが、勝ち気なタイプの風間さんは、素朴なタイプのお姉さんに対して、やや上から目線だったそうです。それでも、そんな風間さんのことを、お姉さんは理解し、受け入れてくれる人だったと振り返っています。風間さんいわく、「優しくて、話も上手で、面白いお姉ちゃん。お笑い番組も好きだったし、かわいらしい人だった」。

大した問題が起こっているとは思わなかった

お姉さんは高校を卒業後、大学へ進学のため、実家を出てアパート暮らしを始めました。そして、それから1カ月後、ゴールデンウイークに実家に戻ってきた時、「自分のアパートに戻りたくない」と、お姉さんがお母さんに話していたことを、風間さんはおぼろげながら覚えています。ですが、いわゆる五月病ぐらいのことだと風間さんは考え、大した問題が起こっているとは思わなかったそうです。

ところが数日後、夜中に、お姉さんから実家に電話があり、「天井《てんじょう》に目がある」「カーテンの向こうに人がいる」と。驚いた両親は、お姉さんの元に飛んで行きました。

当時、風間さんは高校2年生で、妹さんは中学2年生でしたが、事態の大変さが伝わり不安ななか、その夜を明かし、翌朝2人で朝食の準備をし、学校に行ったことを忘れられません。そして、学校から戻ってくると、両親とお姉さんは帰宅していたのです。

僕の知らない人だ

ところが、お姉さんを見た瞬間、これは「僕の知らない人だ」、ととっさに感じたそうです。周囲に対して、過剰なまでも敏感になっており、視線が定まらず、今にでも飛びかからんばかりの気配は、風間さんが知っているお姉さんとは全く別人でした。

当時16歳の風間さんにとっては、到底、目の前で起こっている状況を客観視することはできません。まさに、言葉が出ない状況だったのです。一方で、この事態に対して、悪魔が来ており、少しすれば、元のお姉さんに戻ると信じていました。いや、そのように願っていたのでしょう。なので、しばらく耐えれば、「はい、元通り」になると。

20年を超える闘病生活

でも、実際は元通りにはならず、お姉さんは20年を超える闘病生活を続けています。なかでも、病院に入院中、何度か外泊をするのですが、家から病院に戻るとき、決まって、お姉さんはお父さんが運転する車から飛び出そうとし、それをお母さんと風間さんがなだめるのです。すると、その状況に対してお父さんは怒鳴ります。そうなると、余計にお姉さんの精神状態は乱れるのです。その結果、車内は嵐のような状況になるのでした。またある時、病院に到着し荷物を病室まで運んでいると、お姉さんが突然逃げようとしたのです。でもすぐにお姉さんは職員に抱えられ、泣きながら病室に連れ戻されたのですが、その光景を風間さんは一生忘れられないと言います。

成人式に出れていないから大人になれないんだ

話を元に戻します。10代後半に発症したお姉さんは、人生の半分以上、精神障がいのある生活を余儀なくされており、精神科病院への入院も20回を超えています。お姉さんはもともと細身の人でしたが、服薬等の影響から体形も以前とは変わりました。そのようなお姉さんに対して、支援者の中には、「ダイエットしないの」「太ったね」と言う人がいます。その度に傷つくお姉さんを見て、風間さんの心が痛みます。また、お姉さんはよく、「自分は、成人式に出れていないから大人になれないんだ」と言うそうです。風間さんからすれば、大した思い出ではない成人式も、出られていない人からすれば、そのような気持ちになると思うと、その言葉を聞く度に悲しくなると言います。

周囲とバランスをとることを心掛けていた

では、ここからは、風間さんの歴史を通して、私の感想を述べたいと思います。

風間さんは、お姉さんが精神障がいを有するようになったこともさることながら、もともと威圧的だった父が、お姉さんを受け入れられず、怒声を発する家庭での暮らしが辛《つら》かったのです。仮にお姉さんが発症しなかったとしても、父が爆発しないように、家族全員が顔色をうかがいながら暮らすことに対して、風間さんは息苦しさを感じていました。

しかし、そのような家庭でありながらも、クリスマスになるとサンタと化し、そっとプレゼントを用意したり、子どもをかばうために、父と子どもたちの間に入ったりする母を見ていると、与えられた状況で人が生きることの大切さも、風間さんは感じていたのです。

そのような体験が積み重なるなか、風間さんは気づけば、常に周囲とバランスをとることを心掛け、自分のやりたいことに蓋《ふた》をするようになっていました。

「俺は重い体験をしている」という自負

風間さんは高校を卒業すると、大学進学のため1人暮らしを始め、その初日に、解放感から、海沿いの道を20キロほど自転車で走りました。その時の清々《すがすが》しさは、未だに忘れられないと言います。ただし、実家からは距離を置きたかったものの、お姉さんのことを大事にしたい気持ちは一切変わりません。実際、進学先が福祉系学部だったことも、少なからず、お姉さんのことが影響していたようです。

ただし、風間さんが、お姉さんの病気のことを友人に伝えることができたのは、大学2年生の時だったと言います。お姉さんが発症してから3年間は、親しい友人にも、お姉さんの病気について伝えることができませんでした。また、実践的なボランティア活動には熱心に取り組むものの、大学の授業には今ひとつ、関心が向きません。その理由に、「勉強なんかやらなくても、俺は当事者だ。俺は重い体験をしている」という自負があったのです。

修行のような感覚で過ごしていた

このような思いに揺れながらも、風間さんは大学を卒業すると、すぐに、精神障がいのある人たちが地域で暮らす事業所の支援者になります。一方で、仕事を始めて4年ぐらいした時に結婚をしています。

風間さんは、職場、家庭、そして、姉のいる実家とバランスをとりながら、行き来をしていたのです。もちろん、実家でお姉さんと好きな音楽の話をしたりすることは、癒《い》やしの時間にもなっていました。

でも、振り返ると、これまでの風間さんは、家族がうまくいくにはどうしたらいいのかを優先した人生だったと言います。風間さんいわく、「結婚している時は自分の家族と実家の両方をどうやってうまく回すかというように、ずっと修行のような感覚で過ごしていました」。

姉が人生の道しるべや、基準点のような存在でいてくれた

そのようななか、昨年、風間さんと同じように、支援者であると共に、精神障がいのある人のきょうだいの立場の人と、話す機会があったそうです。すると、その人も同じように3人きょうだいの真ん中で、上のきょうだいが発症していました。

その際、一番共感できたのは、発症前までは姉（その方は兄）が人生の道しるべや、基準点のような存在だったということ。「僕も○歳になったら、こんなことをするんだ」ということを先に行って見せてくれていたのです。

でも姉の発症を機に、「自分が第一子になってしまったような感覚になった」という話

をした時、その人が大変共感してくれたことが嬉しかったと言います。

兄弟姉妹でありながら支援者である自分

風間さんは、数年前に離婚という、辛《つら》い経験をしています。一方で、支援者としては、精神障がいのある多くの人の人生を見てきました。それらのことを通して、風間さんは、語り、聴き、共感できる人や場の大切さを実感しています。また、風間さんは「労《ねぎら》われたいんです」と言います。

人は、頑張っている自分に対して、その状況をより想像しやすい、同じような体験をしている人から労われると、理屈ではなくちょっと元気が出ます。さすれば、もともと自らが弱さと捉《とら》えていたはずの「辛《つら》さ」は、「辛《つら》さを共有できたからこそ生み出される優しさと強さ」へと昇華《しょうか》されるのです。

その風間さんは、42、195キロのフルマラソンが趣味になっています。また、半年前には再婚しました。さらに、「精神障がいのある人のきょうだいという側面を持つ支援者とつながりたい」と、風間さんは意欲的に語ります。そんな彼が大切にしたいこととして宣言しているのが次の4点です。

✓ 自分の幸せや都合を最優先する
✓ けど、人への感謝を忘れない
✓ やりたいと思ったことはすぐにやる
✓ そして、いろんな人に大いに甘える

そして、風間さんは今、一度きりの自らの人生の主人公になりつつあるのです…。

（『月刊みんなねっと』２０１８年9月号を加筆修正）

第13話◉母と娘

明るく、ほがらかに、多くの人に元気を注入するべく歩き続ける

今回ご紹介するのは、原田《はらだ》 美砂《みさ》さん（70歳代、女性）です。私は8年前より、家族会の会議で、原田さんと何度かご一緒させてもらっています。すると原田さんは決まって、精神障がいのある人に対する差別や制度の遅れを知ると、力強く意見を述べます。その発言は、なぜか聞き手に優しく伝わるのです。

そんな原田さんのことを、もっと知りたいと思い、今から5年前には、私のスクーリングに、ゲスト講師として来てもらいました。通常、話を終えると帰られる方が多いのですが、原田さんは教室に残り、学生の中に混じってグループワークに参加されました。このように、ちょこんと場になじむ所もまた、原田さんの魅力です。

看護師として34年間働く

原田さんは、農業が盛んな山間の町に、4人きょうだいの2番目として生まれました。子どもの頃は、学校の先生になりたいという夢を持っていましたが、生まれつきの心臓の病気に加えてリウマチもありました。そのことから、小学校時代、具合が悪くなると、小学校の先生が自転車の後ろに原田さんを乗せ、家まで送ってくれたことを、原田さんは未だに忘れることができません。

その後、原田さんは、このように周囲から支えられてきた経験を、今度は社会に還元したいという気持ちが徐々に高まるようになりました。そのことから、高校を卒業すると、看護学校に通いながら医療の現場に身を置きます。

結局、原田さんは看護師として34年間、内科、外科、眼科、産婦人科、整形外科、精神科を経験しました。

17ヘクタールの農地を持つ農家に嫁ぐ

プライベートでは、24歳の時に、兼業農家を営む正人《まさと》さんと結婚しました。正人さんの家には、当初は5ヘクタール、後に認定農家になってからは17ヘクタールの農地があります。ちなみに、1ヘクタールとは、縦横それぞれ100メートルを四方で囲った面積。例えるなら、コンサートで5万7千人が入る東京ドームが約4・7ヘクタールですので、正人さんの農地には、東京ドームが3・6個分入ることになります。そして、26歳の時に長女の香《かお》りさん、30歳の時に次女の恵《めぐみ》さんが生まれました。原田さんは、正人さん、義理の両親、娘さんたちと三世代同居をすることに。ところが、義父が気難しい人だったので、原田さんは常に神経を張りめぐらせながら、心身共に働きづめの暮らしを営むことになったのです。

義父に勧められて車の免許を

農家の嫁として忙しい日々を過ごしながらも、原田さんは2人の娘さんとの時間を大切にし、愛情を一杯注いできました。また、原田さん自身、趣味も多彩で、茶道や華道、さらには音楽も好きで、当時としては先端とも言える、カセットテープを愛用していたほどです。邦楽《ほうがく》では古賀メロディー、洋楽ではモーツァルトを聞き、気分転換を図っていたと言います。

このように、何事においても好奇心旺盛《こうきしんおうせい》な原田さんでしたが、これまで病院で、交通事故で入院してくる人をたくさん見ていたことから、車の免許をとることに躊躇《ちゅうちょ》していたのです。でも、義父から「いつかは、役に立つことがあるから」と背中を押され、40歳を過ぎた時、車の免許を取りました。ただし、車の運転は専ら近隣が多かったと言います。

「お嬢さん大変ですから、すぐに来てください」

それから約10年後、原田さんは50歳になりました。長女の香さんは既に働いており、次女の恵さんは、自宅から300キロ程離れた大学に通うため、アパート生活を始めていました。また、正人さんは海外勤務。自宅には原田さんと義父母の3人だけの暮らしになっていたのです。

そして、恵さんが大学2年生になってすぐの5月25日、大学から夜中の12時に「お嬢さん大変ですから、すぐに来てください」という電話がかかってきました。これまで病院の精神科に勤務していた時、仕事として知っていた精神疾患による大変な状況が、最愛の娘に起こっていることを、原田さんは知らされたのです。

看護師としては、冷静に対応できていたはずの精神疾患。それが、母親という立場になると、目の前が真っ暗に感じるほど、不安感で一杯になったのです。

朝まで待てず、慣れない運転で駆けつける

話を戻します。原田さんは恵さんのことが心配で、朝まで待つことができません。「車で行こう」。でも、これまで、高速道路を運転したこともなければ、県外で運転したこともありません。当時は、ナビゲーションもない時代。そこで、恵さんが住んでいる都道府県のナンバープレートを付けているトラックを高速道路で見つけると、原田さんは必死に後ろを追いかけました。

事故を起こしてはいけない。原田さんは車の中で少しでも落ち着くようにと、カセットテープで音楽を聴きながら、無事、恵さんがいるアパートに到着しました。そこにはカー

テンを閉め切り、幻聴におびえ、混乱している恵さんがいました。原田さんは3日間ずっと寄り添い続けたのです。

すると、恵さんが落ち着き、原田さんは一旦家に帰るのですが、それから2カ月間というもの、アパートを訪ね2泊3日滞在する、という週末が続きました。恵さんのアパートに滞在中は、車で神社仏閣を訪ねたりしながら、2人で多くの時間を費やしたのです。義父の勧めで取得した車の免許が、こんな形で役に立つとは思ってもみませんでした。

家族教室に勧められるままに参加

その後、恵さんはアパートを引き払い、原田さんと再び一緒に暮らすようになりました。

一方、原田さんは「何とか現状を変えたい」という思いで、保健所に行って保健師と話をする機会が増えました。家族教室にも勧められるままに参加することにしたものの、当初は「知り合いに会うと嫌だわ」と思っていたと言います。

ところが、多くの家族と顔見知りになり、話をしていくうちに、当初「恥ずかしい」というように抱いていた思いは、どこかに吹き飛んでいきました。そのような折、原田さんが畑仕事をしていると、背後から、「あそこの娘さんが精神病なのよ」という、心無い言葉を浴びせられたこともあったそうです。

娘を7割か8割ぐらい元気にしたい

これらの経験を重ねるなかで、原田さんは腹がすわりました。「周囲の人は、家庭の事情や、本人の苦しさや悔しさ、何もわからずに言っている。私が元気なうちに、娘を7割か8割ぐらい元気にしたい」。原田さんは看護師を辞め、それからというもの、恵さんのことはもとより、この地で精神障がいを持って暮らす本人や家族が元気になるための活動に取り組むことにしたのです。原田さんが住んでいる人口約1万3千人の町には、家族会も無ければ、精神障がいのある人が日中利用できる小規模作業所（以下、作業所）もありません。そこで、19年前に家族会を立ち上げ、初代の会長になりました。また、作業所（現、就労継続支援B型事業所）の立ち上げにも参画し、現在も活動に関わっているのです。

涙をたくさん流した先には晴れがある

ここからは、これまでのことを踏まえ、私の感想を織り交ぜることにします。原田さんは恵さんが発症した当初、藁《わら》にもすがる思いでした。でも、しばらくすると「なぜ、うちの家だけが」。さらに追い打ちをかけるように、周りから聞こえる心無い言葉。原田さんは「こんな辛《つら》い思いをするぐらいなら、いっそのこと」と、恵さんのアパートから自宅に車で帰ってくる途中、「突っ込んでしまおうか」という考えが頭をよぎったことがあったそうです。でも、隣に座っている恵さんの顔を見ると、思いとどまったと言います。「この人には、この人の人生がある。親のエゴで、巻き添えにしてはいけない」。また、このような時、常に原田さんの2人の弟さんは原田さんを受け止め、励ましてくれたそうです。

原田さんは苦しいこと、辛《つら》いことで、これまで何度も涙を流しました。そして、これまでのことを振り返り原田さんは言います。

「涙を流さないと晴れが来ない。涙をたくさん流した先には晴れがある」。

「元気」という言葉に込められている想い

親が子に対して常に思っていることは、元気でいてほしいという願い。仮に、子どもに精神障がいが無かったとしても、いつも辛《つら》そうな表情をしているとすれば、自分のこと以上に、親は苦しいものです。原田さんがよく使われる「元気」という言葉に込められている想いは、我が子に次のように感じてもらいたいと願う親心ではないでしょうか。

- ✓ 今この瞬間、生きていること自体を嬉しいと思える
- ✓ 社会で人と交わるなかで、自分の居場所があると感じる
- ✓ 周囲の人を認め、自分のことを好きになれる
- ✓ そして、生まれてきてよかった、と誰かに伝えたくなる

16年前、事業所の会報に、原田さんは次のような文章を載せています。

「長い人生、山あり谷あり、スランプのような時期もあります。しかし、ちょっとしたことで悩みやすいということは、反対に、ちょっとしたことで元気になるというこ

とです」。

人は、いろんなことがありながらも、「ま、いいか」と課題を棚上げし、自身の現状を笑いながら眺《なが》められているとすれば、それがきっと、元気な状態だと言えるのでしょう。

ケーキ屋でのアルバイトの経験は誇り

一方で、人は誰しも誇りを持って生きています。恵さんは、大学生の頃、観光名所にあるケーキ屋でアルバイトをした経験があるそうです。その時、芸能人が客として訪れ、接客したことは生涯の誇りになっています。

その傍ら、疾患による症状から屋根の上に登ったり、幻聴と大きな声で会話をしたりする恵さん。その恵さんに対して、正人さんは当初苦しさがわからず、「うるさい」と言っていたそうです。海外勤務も多く、働き者の正人さん。それが今では定年退職し、恵さんと2人で家に居ることが多いのです。原田さんが家族会活動等で、家を不在にすると、正人さんと恵さんは2人で仲良く買い物に行くそうで、「楽しそうですよ」と原田さんは微笑みます。

「私のために、いつまでも長生きしてね」

そのようななか、つい先日、喜寿《きじゅ》と誕生日の祝いを兼ねて、香さんと恵さんたちが話し合い、原田さんに花束を渡されたそうです。そして、祝福のスピーチの順番が回ってくると、恵さんは「お母さん、私のためにありがとう」と言い、さらに次のように続けたそうです。

「私のために、いつまでも長生きしてね」。

原田さんは、明るく、ほがらかに、そして、多くの人に元気を注入するべく、今日も、明日もこの地を歩き続けるのです…。

（『月刊みんなねっと』２０１８年10月号を加筆修正）

第14話◉母と息子

子どものように天真爛漫《てんしんらんまん》で、夫婦漫才《めおとまんざい》では決まって突っ込み役

今回ご紹介するのは、星《ほし》明子《あきこ》さん（80歳代、女性）です。今から約20年前、私はユーモアにあふれ、周囲を一瞬にして明るく包み込んでしまう星さんと出会いました。また、当時星さんに会う時には決まって、几帳面《きちょうめん》さが前面に出ており、少しはにかみ屋の夫の純一《じゅんいち》さんも一緒でした。2人が話していると、夫婦漫才そのもので、星さんはいつも突っ込み役でした。

にぎやかな明るい家庭で育つ

星さんが生まれ育った家庭は、にぎやかで明るい家庭でした。星さんは、高校を卒業すると4年間経理の仕事に就き、その後、23歳で純一さんとお見合い結婚をし、義父母との4人の生活が始まったのです。それから1年後に、太一《たいち》さん、さらに、3年後には沙織《さおり》さんが生まれました。

嫁いだ家は、新刊と古本の両方を扱っている本屋。また、純一さんは大企業に勤めるサラリーマンで、電車で片道約1時間かけて会社に通っていました。一方で、義父と義母、純一さんは物静かな人でしたので、喋《しゃべ》るのは専ら星さんだったと言います。

15歳の子が薬を一生飲み続けないといけないのか

星さんは、本屋の店番をしながらも、愛情をもって子育てをしました。その甲斐があり、太一さん、沙織さん共に素直な優しい子に成長し、結婚して15年後には、2人は中学生、小学生になっていたのです。

ところが、太一さんが中学3年生になった頃、急に英語の1つの単語を何ページにもわたって書き綴《つづ》り、机の前から離れられないようになりました。星さんは、英語を勉強するにしても何か違うと感じ、知り合いに相談をし、その結果、たどり着いたのが精神科の外来でした。すると、診察した医師は、星さんに対して、太一さんが精神疾患を発症していると共に、薬を飲み続けないといけないことを告げたのです。

その話を聞いたとたん、星さんはぼう然とし、太一さんと自宅に帰る途中、「どうして、15歳の子が薬を一生飲み続けないといけないのか」と泣きながら帰ったそうです。そして、未だに、背後に電車が走っていた光景が頭に焼き付いて離れないと言います。

藁《わら》にもすがる思いでおあげを100枚供える

しかし、本当の大変さはここからだったのです。まず、始まったのが太一さんの自傷行為でした。崖《がけ》から飛び降りたり、身体を火で焼いたり、さらには、ガラスに頭から突っ込んだこともあり、血まみれになることも何度となくあったそうです。

一方で奇妙な行動も多く、近くの高校の壁に足をあげていたかと思うと、到底人が入らないような住宅地近くの川に入っていることもありました。また、時折独り言を言いながら、表情が狐《きつね》のようになっていることも。

星さんは藁にもすがる思いでした。近くの神社で、おあげを１００枚夜中に供えると効果があると聞くと、実際、指定された時間におあげを用意して、拝んでもらったこともありました。

「もうそろそろ寝たか」

星さんは太一さんの病と共に、もう１つ、辛《つら》かったことがあったと言います。それは、夫の純一さんと太一さんとの関係でした。元来穏やかな性格の太一さんは、いくら学校でいじめを受けようとも、やり返すことはありません。ところが、純一さんに対しては手が出るのでした。また、純一さんも本来寡黙《かもく》な人でしたが、自分が何とかしないといけないというような気持ちもあってか、２人の取っ組み合いが絶えなかったそうです。

とはいえ、純一さんは、取っ組み合いをすることが生産的でないことはわかっています。そこで、純一さんは自分の顔を太一さんが見ると興奮することから、仕事帰り、途中の駅から星さんに、「もう、そろそろ（太一は）寝たか」と電話をかけるのです。そして、起きていることがわかると、たとえ仕事で疲れていようとも、終電まで電車を迂回《うかい》するように乗り続けていたと言います。

「なんでもないやん」

話を元に戻します。太一さんの発症から5年程の月日がたちました。星さんは太一さんの病のことを、近所の人が知っているだろうけど、自分から話すことは決してできません。でも、太一さんの発症がきっかけとなり、星さんは不思議と、近所の人をはじめ、周囲の人の思いを自分が聞けるようになっていることに驚いていました。

そのようなある日、近所の人と、ふと太一さんの病の話になりました。すると、近所の人が「なんでもないやん」と言ったのです。どこの家でもいろいろなことがあるということを、その近所の方は、あっけらかんと、かつ、優しく言ってくれたのでした。その言葉を聞いた瞬間、星さんは、肩に背負っていた重い荷物をおろせた感覚になりました。と同時に、自身を責め続けていた自分のことを、恥ずかしいと思ったそうです。

自宅を開放して作業所に

この言葉は、星さんに多くの力を与えました。一方で、星さんは、太一さんと同じように病を持つ本人や家族と話をする機会も増えてきました。そして、本人や家族が、地域で語れる場があればいいと考えるようになっていたのです。

これらの多くの事柄が結実して、星さんは40歳代半ばになった頃、自宅を作業所として開放したのでした。月・水・金の週3日間、10畳の和室に、10組の親子が集い、内職をしたり、お弁当を食べたり、誕生会をしたりというように、まさに草の根的な活動を始めました。結局、1年もの間、自宅での活動が続き、その後、手狭になると、農園を持つ社会福祉法人が場所を提供し、さらに、運営がNPO法人に継承され、専門職によって複数の事業が展開されるようになり現在に至っています。

今でも、当時一緒に活動した人とは、農園で「ちょうちょを追いかけ、大根を育て、収穫したトマトを役所に売りに行ったことが懐かしい」と話すそうです。

「行ってみようかな」

再び、太一さんの話をします。太一さんは、病院への入退院を繰り返しながらも、高校を4年間かけて卒業しました。その後、調理師専門学校に進学し、2年間働くという経験もしています。

それからは、前述のように、病に支配された苦しい日々を送っていました。でも、年齢を重ねるにつれて穏やかになり、今では星さんいわく、「かわいい顔になっていますよ」。ただし、これまでNPO法人が運営する事業所にもなかなかつながることができませんでした。そのようななか、つい先日、新たに開設した食事づくりをする事業所に、「行ってみようかな」と。「息子なりに、いろいろと考えているんだ」と星さんは驚きました。かつて取得した調理師の免許も自信になっているようです。

定年退職後は日々ボランティア活動

かたや、純一さんは60歳になると会社を定年退職。すると、そこから純一さんの第二の人生が始まります。視力障がいのある人の外出支援ボランティア。母親が入った施設には毎日欠かさず通い、散歩に同行。65歳から念願の英語を勉強するために外国語大学の夜間部に入学し、70歳で卒業。その後、あちこちで英語のボランティア。

星さんいわく、「太一のおかげで、お父さんは奉仕精神が高まったと思います」。定年後の純一さんは輝いていました。そして、太一さんとの関係も良くなりかけた矢先、76歳で純一さんは他界されたのです。星さんは、「きっと、お父さんは太一とお酒を飲みたかったと思いますよ。万民を愛した人でした」と語ってくれました。

心は子どもにとどめて自由に

では、ここからは、星さんからお聞きした金言、さらには、私なりの感想も含めて述べたいと思います。

星さんは、太一さんが発症してしばらくしたころ、精神衛生センター（現、精神保健福祉センター）の相談員から、「心は子どもにとどめて自由に。きっと出口があるから」という言葉をもらったそうです。その言葉がきっかけとなり、趣味を持とうと考え、洋裁を始め、

60歳からは水泳を。加えて、自身の感性を俳句に表現され、NPO法人が発行する通信に毎回掲載されているのです。

寒梅や こころに染める 今ありて　（2017年4月掲載）

バナナ君 捨て身の命 朝の卓　（2018年8月掲載）

やさしくなりました

星さんは、2017年4月に掲載された俳句の前文に、次のように書いておられます。

「息子を通じて教育された私たち夫婦。～中略～　私も息子を通じて身勝手な自分を少しでも反省し生きて行ける現状に感謝すべきかな」。

星さんは沙織さんに、かつて「昔の私はいけず（注：関西方言で意地悪）だった」と言っていたそうです。そんな星さんは、この40数年間の歩みを通して、「やさしくなりました」

と珍しく自身のことを褒められています。

お茶の子さいさいや

バスに乗っていて、荷物を持っている人を見かけたら「ここに置き」。子どもが信号を渡りかけていたら「おばちゃんと一緒に渡ろう」。

星さんは、「躊躇《ちゅうちょ》することなく、声をかけられるようになった自分がいます。困った人がいたら助ける。些細《ささい》な善を積めている自分が嬉しい」と言われるのです。そのような星さんに対して、私が「自宅を作業所として開放するぐらいですものね」と言うと、「そんなん、お茶の子さいさいや」と満面の笑みで答えてくれました。

そして、星さんは最後にこう話されました。

「精神の病を子どもが持ったからといって不幸せということはありません。このことだけは世間に伝えたい。修復できる時間は必ず訪れるのです」。

星さんは今も、事業所で作るケーキの裏のシール貼りに週1回、家族会に隔月、たまに研修会等で体験談を語りに出掛けます。どの場においても、必要な人。仮に、太一さんが発症することなく、星さんが今の年齢まで来ていたとしたら、声をかけるだけで相手から喜んでもらえる、やさしさに満ちた背中を持った星さんは、この世に存在しなかったかもしれません。また、子どものように天真爛漫《てんしんらんまん》で、他者も自分も大切にする姿も無かったかもしれません。間違いなく、異なる人生があったことでしょう。

これまで、多くの人の泣き笑いに触れてきたからこそ、他者の痛みを我がこととして受け止めてきたからこそ、今では、ちょっとした嬉しいことに気づき、人のいいところさがしができる星さんが誕生しているのではないでしょうか。だから、多くの人が今日も星さんと話をしたいのです…。

(『月刊みんなねっと』2018年12月号を加筆修正)

*このように語ってくれた星さんですが、ずっと気がかりなことがありました。それは娘の沙織さんのこと。第15話では沙織さんをご紹介させていただきます。

第15話◉妹と兄

長い心の旅路を通して、扉を開けることができた

今回は、第14話でお伝えしたように、星 明子さんの娘の江藤《えとう》 沙織《さおり》さん（50歳代、女性）をご紹介します。私は前話の記事を書くにあたり、明子さんと約20年ぶりの再会を果たしました。その際、沙織さんも一緒に来てくださったのです。

私の夢は海外に住むことだった

沙織さんはかつて、1961年に出版された、小田実さんの世界旅行記『何でも見てやろう』をバイブルにしていました。高校時代、海辺の道を通学しながら、海の向こうはどうなっているかを知りたいと思っていたそうです。

「私の夢は海外に住む」。このような夢を持っていた沙織さんが、今回、約半世紀前の1枚の白黒写真を送ってくれました。そこには、本来シャイな父親の純一さんがベェーと舌を出し、幼少時のお兄さんの太一さんがふざけて妖怪《ようかい》ポーズをとり、そして、晴天の空を見上げ、笑っている沙織さんが写っていました。3人とも幸せ一杯の表情で。

人は病むんだ

沙織さんは、もともと快活な少女でした。ところが小学6年生になった頃に、大きな転機を迎えます。真面目で、野球好きだった兄の太一さんが精神疾患を発症し、家の中だけでなく、外でも独り言を言ったり、大声で叫んだりするようになったのです。沙織さんは、精神疾患について、人から教えてもらったことは無かったのですが、それでも小学生ながら、「人は病むんだ」と感じたと言います。

友だちに言えなかった

それ以降も、太一さんの状態が変わらないなか、沙織さんは思春期へと成長をしていきます。沙織さんは家の外で、太一さんがぶつぶつ言いながら、狐《きつね》のような表情になっていることが、恥ずかしくて仕方がありません。とはいえ、沙織さんは社交的な性格だったので友だちも多かったのです。地元の友だちは、太一さんのようすを当然知っています。でも誰一人として、「あんたのお兄ちゃんは」のようなことを言わなかったそうです。沙織さんいわく、周りの子に恵まれ、その子たちはデリカシーがあったから。

「もし仮に、兄の病気のことを周りから言われていたら、私は駄目になっていたと思います」。

そのような状況のなか、沙織さんが一番辛《つら》かったのは、この気持ちを友だちにも、誰にも言えなかったことでした。

逃れられない家族は地獄のようだった

一方、太一さんは学校で、いじめを受けていました。背中に「ばか」と書かれたり、筆箱を切り刻まれたり。でも太一さんは、サンドバッグのようにいじめを受けても、決してやり返しません。そのようななか、唯一の捌口《はちくち》が父親の純一さんで、2人は取っ組み合いのけんかをするのです。

このような悪循環を目の当たりにして、沙織さんは、逃れられない家族は地獄のようだった、と当時の心境を語ってくれました。しかし、純一さんに対する当時の思いは、第14話で紹介した明子さんとは異なります。

父は愛情表現が下手だった

沙織さんは、純一さんについて、愛情表現が下手だったので、その場に居たとしても、いないような感じだったと言います。そのことから、自身が思春期に至るまでの父親との記憶はあまり残っていません。それでも思い出すのは、いつも悲しそうな表情をしていた純一さんの姿でした。

純一さんは仕事人間で、家の中に居場所を作れませんでした。また、仕事が休みの時にも、子どもたちにどのように関わっていいのかわかりません。「心の中では、子どものことを思っているんだろうけど、私たちには伝わらない。なので、兄にしても、何かあった時にだけ言われても、余計に反発をしたのでは」と振り返っています。

それは、沙織さんにとっても同様でした。

母は家族会を立ち上げて救われた

この頃、沙織さんの感覚として、「家族は暴風雨の中に入っていた。そこから、どうやって生きていくのか」。そのような時に、母親の明子さんは、自宅を開放して、作業所と共に家族会を立ち上げたのです。

沙織さんは、明子さんに家族会の仲間ができ、徐々に気持ちが楽になっていくようすが伝わっていました。また明子さんは、家族会の運営や太一さんのことで、たまに息詰まると、沙織さんに吐露《とろ》することがあったそうです。

でも、吐露された沙織さんは、「私はこの気持ちを、誰に言えばいいのだろう」。沙織さんは、このような思いを40年以上前から背中に担《かつ》ぎ、今日まで歩き続けてきたのです。

主人もわかっているけど普通に接していた

その後、沙織さんは健一《けんいち》さんと交際を始め、後に結婚し、息子の翼《つばさ》さん、娘の志保《しほ》さんに恵まれます。健一さんは、交際している間も、結婚してからも、独り言を言ったり、奇妙な動きをしたりする太一さんと何度も会っています。同様に、翼さんや志保さんも、太一さんに会うことは何度もありました。

でも、健一さん、翼さんや志保さんは、沙織さんが太一さんについて、病気のことを特段説明しなくても、今日まで特別視せずに接し続けています。もちろん、その背景には、明子さんが大きな愛情をもって太一さんに接し、堂々と生きている姿もあったことでしょう。ですが何よりも、太一さんは大事な沙織さんのお兄さんだから。

いろんな経験をひっくるめて自分の人生

沙織さんは、これまで自身の境遇から、いろんな景色を見てきました。感じてきました。それは、何層にも重ねたり、離したり、を繰り返しながら。そのようななか、3年ほど前に、きょうだい会（セルフヘルプグループ）(20)に参加する機会を得たのです。すると、そこには自分と同じように、精神障がいのある人のきょうだいとして、苦しさを背負いながらも、前を向いて歩いている人たちがいたのです。

その時、沙織さんは、不思議とそこで素直になれる自分に気づきました。そして、次のように思ったと言います。「これまでいろんな経験をしたことについては、苦しかったとか、良かったとは言えない。でも、すべてをひっくるめて、自分の人生だな、と思えるようになりました」。

また、そのことがきっかけとなり、沙織さんは、明子さんがずっと関わっているＮＰＯの研修会にも足を運ぶことにしたのです。

「うちのおばあちゃん、尊敬するわ」

他方、時は進み、息子の翼さんは素敵な奥さんと結婚されました。その翼さんが、何と、この研修会に奥さんと一緒に参加したのです。研修会のシンポジウムでは、明子さんが登壇し、ユーモアを交えつつも、これまでの自身の歩みを堂々と語りました。するると、研修会終了後、翼さんは奥さんに「うちのおばあちゃん、すごいやろ。尊敬するわ」と語ったのです。この話を聞いたとたん、沙織さんは、父や母がこれまでやってきたことは、子どもたちにも受け継がれているんだ、と思ったそうです。現在、翼さんは教育関係の仕事に就いています。

長い心の旅路

では、ここからは沙織さんのこれまでの歩みを通して、私の感想を交えて述べることにします。沙織さんは、太一さんが発症後の約9年間の歩みのなかで、少しずつ、精神障がいのこと、家族のことがわかるようになってきました。ただし、それはあくまでも頭で。

ところが、きょうだい会という、沙織さんが安心して語り、聴き、共感できる場に出会うことによって、頭でわかっていた知識と、自分が抱えていた思いとがつながっていくことに気づくことができたのです。「兄も辛《つら》かったんだろうな」と心から想えたそうです。そのように感じることができた時、これまでのことをすべて許すことができた、と言います。本当に、長い心の旅路でした。これまでも、兄が好きで病気になったわけでないことは理解しているつもりでいた。でも、兄が病気になってからというもの、夢を自然とあきらめるようにしている自分がいた。恨《うら》みが無かったと言えば嘘《うそ》になる。でも、それも含めて自分の人生。沙織さんは、太一さんが発症してからの40年強の月日を積み重ね、今、純一さんや明子さんに対しても、本当の意味で向き合うことができているのです。

扉を開けることができた

沙織さんは、いつも大変なことが一杯のはずなのに、明るく行動する明子さんを、これまで応援してきました。かたや純一さんは、不器用で愛情表現がうまくできません。ところが純一さんは、定年退職後、ボランティア活動に明け暮れると共に、娘の志保さんに英語を教えに来てくれていました。そして、最期《さいご》は癌《がん》になり、身体が蝕《むしば》まれ、のた打ち回るほど痛かっただろうに、周りを心配させないように弱音を一切吐かず、息を引き取ったのです。

沙織さんは、正直、純一さんに対して、これまで肯定的に捉えることはできませんでした。また、太一さんに対しても同様でした。でも、自身がきょうだい会につながり、客観的な情報に加えて、人の情にふれるなかで、「兄は壮絶ないじめを受け続け、これまでの人生を全否定されてきた。自己肯定感は、ずたずたになっていた。悔しかっただろう、苦しかっただろう」と。

これらのことに気づけたのは、沙織さんが生き続けてきたからこそ。沙織さんは今、扉を開けることができたのです。

✓ 辛《つら》くて不安な経験をたくさんすれば、人の優しさに敏感になれる
✓ すると、今度は優しさを伝える勇気が得られる
✓ さすれば、これらのことが循環し、晴天の空を見て「ぼちぼちいこか」と、自分らしい人生の歩き方に辿《たど》り着くことができる

想いや行動は伝承されていく

沙織さんの孫の大介君は、ある日保育園で、「嫌な仕事」の話になりました。すると、ほとんどの園児が「そんな仕事、したくない」と言うなか、大介君は、きょとんとして、「喜んでいる人の顔を思い浮かべたらできるようになるよ」と言ったそうです。

それは、純一さん、明子さん、そして沙織さんの想いや行動が、確実に伝承されていることを実感できた瞬間でした。

沙織さんは、太一さんが病気になり、家の中が嵐のような状態になっていた時、「生まれてこなければよかった」と何度も思ったことがあったと言います。でも間違いなく言えることとして、沙織さんが、純一さんと明子さんの両親のもと、太一さんの妹として生まれ、育ってきたからこそ、素敵な健一さん、翼さん、志保さん、そして、大介君は、この世に存在するのです。

私の願いが叶うなら、天国にいる純一さんに30分だけでもこの世に戻って来てもらい、海辺の喫茶店で、沙織さんと恥ずかしがらずに談笑してほしい…。

（『月刊みんなねっと』２０１９年１月号を加筆修正）

つながる

「おわりに」を論じる前に、この項目を入れることにしました。

それは「つながる」です。

読者の皆さんのなかで、まだどこにもつながっていらっしゃらない方がいるとすれば、まずは1人で考え込まずに、どこかに、誰かに、つながってください。とはいえ、その方法がわからない方は少なくないと思います。そのようなことを踏まえまして、ここではつながるための窓口をご紹介させていただきます。

医療機関への受診を含めた相談

まず、専門機関としては、各都道府県に複数カ所ある保健所を訪ねてください。保健所は、精神疾患の受診に関すること、精神障がいを持ちながら、地域で暮らすために活用できる制度のこと、さらには、家族のかかわり方をはじめ、地域の第一線機関として、根付いてきた歴史があります。そこには、保健師や精神保健福祉士、精神保健福祉相談員等がいて、面談はもとより、状況によって、訪問することもあります。加えて、精神科医師による相談を実施しているところもあります。

次に、精神保健福祉センターです。精神保健福祉センターは、都道府県、あるいは、政令指定都市において、基本的に1カ所（東京は3カ所）設置されています。そこでは、保健所と同様、専門職が配置されており、相談に応じます。また、精神保健福祉センターのなかには、保健所等において、出張相談をしているところもあります。

いずれの機関においても、まずは電話で予約をしてから、相談に行くことをお勧めします。なぜなら、意を決して行った時に担当者が不在だったりすると、がっかりし、人は再度行く気力を失うことが少なくないからです。

暮らしの相談

市区町村役場の障がい福祉の担当課、あるいは、市区町村から委託を受けている、社会福祉法人やＮＰＯ法人が運営する「相談支援事業所」が相談窓口となります。とはいえ、「どこの相談支援事業所に行けばいいのでしょうか」と、家族の方が感じるのは当然のことです。そのようなことからも、まずは市区町村役場の窓口、あるいは、前述している保健所や精神保健福祉センターを相談の第一として、踏み出されるのがいいでしょう。

家族による相談

家族会が主体となって、相談窓口を開設しているところも増えてきています。その一方で、「個別相談は敷居が高いので、研修会のようなものだと参加しやすい」という方がいます。その場合、各都道府県には精神障がいのある人の家族会の連合会（都道府県連）があり、研修会を実施しているところは多いです。したがいまして、まずはそちらに連絡をして、情報を得るのも意義深い方法だと言えるでしょう。

「みんなねっと」のホームページには、各都道府県の家族会について、連絡先が掲載されています。インターネットの検索窓に「みんなねっと」と入れて検索してください。

トップ画面の下の方に「都道府県連・関係団体」という所があり、日本地図に各都道府県の名前があります。そこをクリックすると連絡先が表示されます。

「みんなねっと」ホームページアドレス　https://seishinhoken.jp/

加えて、「みんなねっと」では、毎週水曜日　10時～15時（12時～13時はお昼休み）に電話相談を実施しています。（いずれも情報は２０１９年４月現在）

「みんなねっと」電話相談　☎０３（６９０７）９２１２

問題は無くすよりも吐露《とろ》できる機会を

いずれにせよ、読者の皆さんに伝えたいことがあります。それは、抱えている問題は通常無くならない、ということです。ひとまず、自身の混とんとした状況を吐露できるところにつながってください。「人に相談しても、問題は解決しないから」という方がいます。その通りかもしれません。

でも、人と話すことによって、「問題は無くすこともさることながら、一時的に肩からおろす、という方法を知れた」、「何よりも、ちょっと、私自身の気持ちが楽になった」、というような思いになれたりするのです。

これまで、おひとりで頑張ってこられた読者の方がいたとすれば、これからは、ぜひ、少しずつでいいので、吐露できる場所探しから始めてください。
本書がそのきっかけとなれば、こんなに嬉しいことはございません。

おわりに

皆さん、最後までお読みくださり、ありがとうございました。

本書を通して、仮に「15人それぞれのモノガタリは良く伝わりました。でも、『精神障がいのある人の家族』ということについては、より一層わからなくなりました」という感想を、読者の皆さんが抱かれたとすれば、私は喜ばしいことだと思っています。それは、以下の理由からです。

15人のモノガタリを通して伝えたかった人の魅力

私が15人の方々の魅力をどの程度引き出せたかは別にして、本書に登場いただきました方々は、本当に素敵な方々です。そのようなことからも、15人の方々の息づかいが少しでも読者の皆さんに伝わったとすれば、こんなに嬉しいことはありません。

一方、「精神障がいのある人の家族」という点で言えば、「家族とは、斯《か》く斯《か》く然々《しかじか》である」と、絶対的な共通点があるわけではありません。むしろ、「こんな生き方や人生観もあるのですね」、「これまで、家族という立場にこだわってきましたが、それよりも、その家族を一人間として観ることができました」、「家族という点は別にして、人の魅力が伝わりました」、という感想を抱いていただけたとすれば、それこそが、私が本書で目指したことだったのです。

そのようなことから、「精神障がいのある人の家族という立場にあるのか否か」よりも、「魅力的なモノガタリを保有しているのか否か」、さらには、「人として等身大の生き方をしているのか否か」。これこそが、私自身が32年間の追体験を通してたどり着くことができた、社会福祉で目標とされている、「幸せとは何か」についての論点だと思っています。ゆえに、「家族とは」の側面のみに着眼していた自身の考えがわからなくなった、とお感じになることは、むしろ喜ばしいことだと思っているのです。

特性と共通性

私は講演において、「当事者理解」ということについて、依頼を受けることが少なくありません。その際、講演の主催者は、概して、精神障がいのある人の特性についての話を期待します。すると、私は決まって、「精神障がいのある人の特性」と共に、「人としての共通性の話もさせてください」と言います。では、人としての共通性とは何か。それは、当たり前の喜怒哀楽です。

- ✓ 人は、ほめられると嬉しくなる
- ✓ 人は、根も葉もないことを言われると腹が立つ
- ✓ 人は、自分のことをよく知らないのに、さもわかっているかのような断定的な言い方をされたら悲しくなる
- ✓ そして人は、等身大で暮らすことができれば、日々の生活が楽しくなる

特性は1%程度

加えて、講演では続けます。「人は、共通性が99%であり、特性は、せいぜい1%程度です」と。このことは、精神障がいのある人の家族も同様です。

まずは人ありき。その上で、様々な側面の1つが、精神障がいのある人の家族なのです。

とはいえ、「精神障がいのある人の家族」という特性部分によって、もがき苦しんで来た方がたくさんいることは、まぎれもない事実です。いや、今もなお、その渦中《かちゅう》にいる方は少なくありません。そのような方々に対して、本書は答えにはなりませんが、参考にはなると思っています。それは、視点の変更として、です。

視点の変更

では、視点の変更とは何か。かつて、自分のかかわり方が正しいかを知りたくて、研修会まわりを続け、講師に質問を投げかける、精神障がいのある人の1人の家族がいました。でも、その方は、自らの質問に対する、どの講師からの回答にも納得できません。そんなある日、1人の講師が、次のように言ったのです。「あなたは、これまでよく頑張ってこられました。そして、これだけたくさんの人がいる研修会で、よくぞ思い切って発言いただきました。この場にいらっしゃる参加者は、間違いなく、あなたの発言を通して、生きる力を得られたはずです…」と。すると、この話を聞くやいなや、質問した方は、晴れ晴れとした表情に変わったのです。

おわかりでしょうか。質問した方が本来求めていたことは、質問に対する具体的な回答ではなく、①自身のこれまでの歩みを吐露《とろ》できること、さらには、②他者から真摯《しんし》に認められると共に労《ねぎら》われること、だったのではないでしょうか。人は概して、視点の変更として、自分が求めていると思っていたことと異なる、いや、考えもしなかったような物事の捉え方や解釈を知ることによって、人生観が広がり、不思議と肩にのしかかっている荷物から解放されると言えます。

次の一歩を踏み出す勇気

そして、私たちは、様々な出会いが転機となり、次の一歩を踏み出す勇気をもらうことができるのです。

でも誤解しないでください。何らかの行動を起こすことだけが勇気とは限りません。動くも勇気。その場にとどまり、じっくり過去を振り返ることも勇気。これまでの自身の他者とのかかわり方と決別して、他者のいいところさがしをし、ほめることも勇気。他者に自分の弱さを吐露《とろ》できることも勇気。

そのような意味からも、15人のモノガタリが、読者の皆さんのこれからの人生において、何らかの力になることを願っています。

ソーシャルワーカーになることを宣言

1987（昭和62）年、21歳の私は「生涯、精神科ソーシャルワーカーとして、情熱を注いでいこうと決意しています」と、第34回NHK青年の主張全国コンクール愛知県大会において誓いました。実際、宣言通り、大学卒業後はソーシャルワーカーとして、精神科病院（14年3カ月間）、小規模作業所（4年間）、そして、2006年から現在に至るまで大学、というように変遷しながらも、実践を続けています。大学では、研究、教育もさることながら、最も力を入れていることの1つが、普及啓発活動であり、その1つの実践が本書の出版

第34回NHK青年の主張全国コンクール愛知県大会最優秀賞受賞

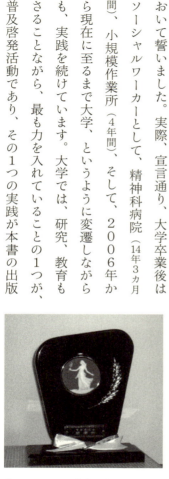

です。

ぜひ、本書への感想をお寄せください。加えて、本書を素材にしていただき、家族会、専門職、広く市民に向けた研修会等を開催くださることを希望します。もちろん、ご用命があれば、喜んで講演等をさせていただきます。なぜなら、それが私の普及啓発実践だから。ただし、日程に余裕をもってご連絡を賜《たまわ》れると幸いです。

なお、本書によって得られた印税による所得については、基本的に全額、全国精神保健福祉会連合会（通称、みんなねっと）に寄付することにいたします。

最後に

本書の出版を考えている最中、なつかしい再会がありました。

私は２００２年、36歳のとき、兵庫県明石市において、「思いきり、普及啓発を実践するために、地域に打って出る」と言って、精神科病院を退職して、小規模作業所の所長となり、市民講座の取り組み等をしていました。ところがその際、いかに市民に広報するかが課題だったのです。

一方その当時、明石市において、ミニコミ誌の編集長をしていたのが、増田幸美《ますだゆきみ》さん（現、ペンコム社長）でした。増田さんは、市民講座の案内や取材をしてくださり、精神保健福祉の普及啓発に大いに協力してくれたのです。そして時間が流れ、増田さんは、数年前に出版社を立ち上げ、偶然にも私が本書の出版を考えている時に、ペンコムから出している本を送ってくださいました。そこで、直後お会いして、状況を話したところ、意気投合し、本書の出版へと至っています。そのようなことからも、増田さん無くして、本書の出版は実現しなかったことは間違いありません。ありがとうございました。

また、本書に登場いただきました15人の方々には、心より感謝申し上げます。初出の『月刊みんなねっと』に掲載前、私が15人の方からお聞きした内容をまとめ、その内容を各々に確認いただくために原稿を送る時は、毎回緊張したものです。なぜなら、各々の深みのある人生を、私が書かせていただくわけですから。15人の方々が原稿を見ていかに感じるかについて、毎回ドキドキするのです。すると、皆さんは決まって、「自分のこれまでの人生を振り返る良い機会になりました」、と謙虚に語ってくださり、私が安堵《あんど》する、ということを繰り返すのでした。これらの経験は私の財産だと思っています。ありがとうございました。

さらに、ご多忙中にも関わらず、精神障がいのある人の家族支援の第一人者と言える東洋大学名誉教授であり、「なでしこメンタルクリニック」院長の白石弘巳《しらいしひろみ》先生からは、心のこもった推薦文を頂戴し、感激しております。そして、本條理事長、小幡事務局長をはじめとする、みんなねっとの方々に対してお礼を言いたいと思います。月刊誌という貴重な機会をいただけたからこそ、本書が誕生したことは言うまでもございません。このように、多くの人たちとの出会いや思いが結実して、本書ができました。関係するすべての方々に感謝申し上げます。

私はこれからも、誰もが当たり前に堂々と胸を張って暮らせる社会の実現を目指し、より一層様々な活動に謙虚にかつ、誠実に取り組んでいく所存です。このことを最後に約束して、筆をおくことにいたします。

２０１９年６月

日本福祉大学　青木《あおき》　聖久《きよひさ》

用語解説

（1）家族会

家族会は、家族自身によって運営されるセルフヘルプグループ（自助グループとも言います）として位置づけられます。運営方法は、家族会毎によって異なるものの、専門職や公的機関と連携しているところが多いです。そのようななか、精神障がいのある人の家族会は、保健所や精神科病院において、専門職が情報提供や学習の機会として運営していた家族教室が、家族会に発展していったところが少なくありません。全国には、約1，200の家族会があり、約3万人の家族会員がいるとされています。一方で近年、従来の親を中心とした家族会の他に、兄弟姉妹の会、配偶者の会、精神障がいの親をもつ子どもの会等、形態の広がりを見せています。

↓（2）公益社団法人 全国精神保健福祉会連合会（みんなねっと）
↓（20）セルフヘルプグループ

（2）公益社団法人 全国精神保健福祉会連合会（みんなねっと）

精神障がいのある人の家族によって構成される家族会の全国団体。全国精神保健福祉会連合会（通称、みんなねっと）は、2007年11月にNPO法人として創設され、2010年から公益社団法人に改組しています。みんなねっとには、個人、地域家族会、病院家族会、保健医療福祉、民間企業等の関係団体、約1万2千人の賛助会員がいます。このように、みんなねっとは、賛助会員になるための要件としては、門戸を広く開放している一方で、精神障がいのある人の家族会の全国団体としては、固有の社会的な機能や役割が求められているのです。その3本柱が、①相互支援、②学習、③社会運動。全国には、精神障がいのある人の地域家族会や病院家族会が約1，200あると共に、その連合会として、47の各都道府県には家族会連合会があります。そして、それらの47の家族会連合会によって成り立っているのが、みんなねっとです。事務局は東京都の池袋。

→（1）家族会

（3）精神保健福祉士

1997年に公布、1998年から施行された精神保健福祉士法に基づいた、社会福祉専門職としての国家資格が精神保健福祉士です。また、精神保健福祉士の職能団体が「公益社団法人 日本精神保健福祉士協会」。2019年2月現在、精神保健福祉士の登録者は82，556人であり、日本精神保健福祉士協会の構成員は、11，567人となっています。日本では、精神保健福祉士の国家資格ができる前から、精神保健福祉士と同様の役割を担っていた人たち（私もその1人）が、「精神医学ソーシャルワーカー」「精神科ソーシャルワーカー」「PSW」という名称で、精神科病院や地域の事業所、保健所、精神保健福祉センター等に所属し、精神科病院からアパート等への退院支援、経済支援、家族支援等の相談援助に携わってきた歴史があります。

一方で、国家資格が制定された最も大きな理由は、精神科病院に長期入院している人の退院支援の急先鋒《きゅうせんぽう》として期待された側面が大きいと言えます。呼称については、国家資格ができた今も、PSW（Psychiatric Social Worker）と言われることが多いです。ただし、国家資格ができたことによる弊害の声も聞かれます。それは、「制度やサービスが届かない人への着眼」、「草の根的な社会資源の創出」、「本人や家族への今と未来を志向したかかわり」というような取り組みが、国家資格化以前よりも見えづらくなっている、というものです。まさに、たたかう・つくりだす・よりそう「ソーシャルワーカーたる精神保健福祉士」への社会からの期待と言えます（文献：青木2016）。

→**（6）ソーシャルワーカー**

（4）常態化

元々は違和感のあったことが、時間の流れや慣れと共に、当たり前の状態になっていることを言います。例えば人は、精神障がいによる生きづらさによって、日常生活に支障が生じることから、当初、そのことに戸惑い、時間が止まるような感覚に陥ることが少なくありません。ところが、その状態が当たり前の日常になることによって、生きていくための対応方法等が身についたりします。すると、周囲から見たら、大変に映っている生きづらさや日常生活の支障が、当たり前の日常であることから、気づかなかったりするのです。その状態が、まさに常態化です。このことは、一見良いことのように見えるかもしれません。しかしながら、例えば障害年金の更新手続きにおいて、在宅生活での日常生活の制限を医師から問われても、常態化によって本人や家族が生きづらさのエピソードが思い出せず、そのことによって、支給停止につながる危険性もあるのです。ゆえに私は、精神障がいのある人の身近にいる家族に対しては、生きづらさのエピソードが起こったとすれば、その都度メモに残し、医師や看護師、精神保健福祉士等に伝えることが大切だと伝えます。これらの繰り返しによって、専門職は本人や家族から育てられるのです。

（5）リカバリー

リカバリー（recovery）とは、直訳すると、「取り戻す、回復、復旧」等になります。しかし、精神保健福祉領域において、リカバリーと言う場合は、概して元の状態に戻ることを指しません。それよりも、もっと広くて深い意味をもつのです。

例えば、精神科リハビリテーションの権威とされている野中は「リカバリーで意味しようとしているのは、単に疾病の回復ではなく、人生の回復を考えようとしている。破滅《はめつ》的な状況や繰り返されたトラウマからの回復という全体的な人間性の再獲得が目標となる」と述べています（文献：野中2006）。ちなみに、トラウマとは心的外傷のことを言います。また、リカバリーについての代表的な研究者であるアンソニー（Anthony）は、「リカバリーは、精神疾患の破局的な影響を乗り越えて、人生の新しい意味と目的を創り出すことでもある。精神疾患からのリカバリーは、病気そのものからの回復以上のものを含んでいる」と述べています（文献：Anthony＝1998）。

これらのことを踏まえれば、リカバリーとは、「人間性という広くて深い観点による、人生の新たな意味付け」、として捉えることができるでしょう。もう少し踏み込んで言うならば、以下のようになります。「自身及びその周辺に起こっている事柄に対して、向き合うことができるようになると共に、未来に向かって、自分らしく生きていく意味を見いだせている状態」。要するに、気負わず、ワクワクしながら、自分のペースで未来に向かっている姿をイメージして頂ければと思います。

（6）ソーシャルワーカー

暮らしにおいて生活上の課題を抱えており、一人では解決困難な人に対して、社会資源を活用したりしながら、相談援助を担う社会福祉専門職のことを言います。また、ソーシャルワーカーが実践する、これらの相談援助活動をソーシャルワークと言います。そして、そのソーシャルワークには、後述するように、援助対象者の顔が直接見えるケースワークとグループワークがあります。さらには、コミュニティワーク（地域づくり等を想定した支援）、ソーシャルアクション（無ければ創り出すような取り組み）等の、間接的な援助によって構成されています。とりわけ、精神保健福祉領域のソーシャルワーカーは、精神科病院から地域への退院支援や、障害年金の受給支援等の個人へのケースワークを行います。加えて、生活の広がりを目指して、同じような立場の人からの情報交換等を促すこと等をねらいとして、複数の精神障がいのある人を対象とするグループワークという援助方法についても、積極的に用います。

また、精神障がいのある人への偏見の除去、心のバリアフリーに向けた普及啓発等、社会づくりに向けてのコミュニティワークも展開。さらに、人々がごく当たり前に暮らせるように、既存の制度が無ければ、社会資源を新たに創出するというようなソーシャルアクション。そして、社会変革に向けても実践し、健康的な個人や社会の実現に向けた取り組みを行うのがソーシャルワーカーだと言えます。少なくとも、既存の制度を単に説明したり、他職種からの依頼内容をそのまま実行することは、ソーシャルワーカーの専門性とは言えません。

(7) リワーク

リワークとは、リターン・トゥ・ワーク（return to work）の略で、職場復帰支援・復職支援と言われることもあります。気分障がい等の精神疾患を原因として休職している労働者に対する支援です。具体的には、生活リズムの立て直し、コミュニケーションスキルの習得、職場ストレスへの対処法の獲得を目的としたプログラムが組まれていたりします。相談窓口は、都道府県の障害者職業センターですが、精神科の医療機関においても、これらのリワークを実施しているところがあります。

(8) 雇用率算定

障害者雇用促進法では、従業員が一定数以上の事業主に対して、従業員に占める身体・知的・精神障がい者の割合を「法定雇用率」以上にする義務（障害者雇用率）を課しています。2019年4月現在、民間企業の法定雇用率は2・2％です。つまり、従業員を45・5人以上雇用している事業主は、障がい者を1人以上雇用しなければいけません。そのようなことから、障害者雇用率制度では、身体障害者手帳、療育手帳、精神障害者保健福祉手帳の所有者が週に30時間以上（週に20時間以上30時間未満の短時間労働者は原則0・5人カウント）働いた場合に、雇用率の算定対象とすることができるのです。ただし、障がい者雇用に関する助成金については、精神障害者保健福祉手帳を持たない統合失調症、気分障がい、てんかん等も対象となっています。

↓（18）障がい者枠

（9）精神保健福祉相談員

精神保健福祉法に規定されている職となっています。成り立ちとしては、1965年の精神衛生法（現、精神保健福祉法）の改正において、精神衛生相談員（現、精神保健福祉相談員）が誕生したことに始まります。精神保健福祉相談員（以下、相談員）は、保健所や精神保健福祉センター、市町村の保健センターというような行政機関にいる専門職と言えます。そして、精神障がいのある人やその家族から、様々な暮らしに関する相談に応じたり、訪問活動、さらには、家族教室、断酒会等の運営を担ったりします。また、1980年代には、全国的に草の根活動として、小規模作業所や地域家族会が作られるに至っています。その時には相談員が、それらの活動を大いに支えてきた歴史があります。現在、相談員は、精神保健福祉士、保健師等の国家資格を持っている人が多いです。

（10）小規模作業所

障がいのある人が地域で暮らすために、小規模作業所（以下、作業所）は、草の根活動として誕生した歴史があります。日本において、精神障がいのある人の最初の作業所は、1970年に誕生した、京都の「あけぼの作業所」だとされています（文献：大友勝2006）。その後1980年代に入ると、全国的に作業所が次々と誕生することになります。その理由は、精神障がいのある人の日中活動の場の必要性を挙げることができるでしょう。また、1980年代中頃より、国や自治体の補助金制度が不十分ながらも実施されるようになったことも大きいと言えます（文献：青木2007；藤井1999）。

そのようななか、作業所の多くは、1995年に障害者自立支援法（現、障害者総合支援法）が誕生したことによって、「地域活動支援センター」（障がい者の創作活動や仲間づくりをねらいとした日中活動の場）や「就労継続支援B型事業所」に移行しました。また、作業所が誕生した当初、運営主体としては家族会立がほとんどでした。それが今では、社会福祉法人、NPO法人立が主流となっています。

（11）就労継続支援B型事業所

障害者総合支援法に基づく通所型の施設。従来、家族会が草の根活動として作った小規模作業所が、就労継続支援B型事業所に移行しているところも少なくありません。各施設によって特徴があるものの、自主製品づくりや内職作業、仲間作り等の福祉的就労の側面が強いところや、一方で、施設外就労や、一般就労に向けた就労支援に力を入れているところもあります。また、レクリエーションを取り入れたり、居場所的な側面を大事にする等、従来の小規模作業所が担っていたような、地域で安心して暮らすための拠点、さらには、自信を得るための場として位置づいているところは多いと言えるでしょう。

（12）生涯の内に、いずれかの立場になります

日本では2004年に、国が「こころのバリアフリー宣言」を出しました。そこには、「生涯を通じて5人に1人は精神疾患にかかるといわれている」、と発表されているのです。となると、通常どのような人でも、1人を取り巻く背景には、両親、兄弟姉妹、祖父母、子ども等、身近な家族が5人程度はいることになります。そのことから、次のように「こころのバリアフリー宣言」を読み替えることができるのです。「生涯を通じて、5人に1人は精神疾患にかかり、それ以外の人たちは、精神疾患を有する人の家族の立場になる」と。このように、誰しも、生涯のうちに、精神障がいのある本人、あるい

は、その家族の立場になると言えるでしょう。

ちなみにイギリスでは、ブレア政権時の1999年に、精神保健改革に取り組みました。その結果、精神疾患は、癌、心臓疾患と共に、3大疾患の1つとして位置づいているのです（文献：伊勢田2008）。

（13）障害年金

病気やケガによって、一定程度の障害状態になった時に支給される公的年金制度。ちなみに、公的年金制度には他に、老齢年金と遺族年金がありま す。障害年金は、精神障がいのある人の暮らしにおいて、中心的な所得保障制度です。その障害年金には、障害基礎年金（国民年金）と障害厚生年金の2つがあります。障害基礎年金は、1級と2級のみで、障害厚生年金は1級から3級まであります。

2019年度の年金額は、障害基礎年金2級が月額約6万5千円で、1級が2級の1・25倍。また、障害厚生年金1級と2級の受給者には、障害基礎年金に加えて、報酬比例部分も支給されます。

請求窓口は、市区町村役場の年金係や、年金事務所。ですが具体的に請求を考えている方は、その前に、かかりつけの医療機関の精神保健福祉士、あるいは、保健所の精神保健福祉相談員や保健師等に相談なさってください。また、本書の最後の「つながる」に記載している、みんなねっとの電話相談を活用することもお勧めします。

加えて、ぼんやりでいいので、少し仕組みを知っておくと、障害年金の相談をする時にイメージをもって話が聞けます。そのような意味でも、私が障害年金に精通している社会保険労務士（以下、社労士）や仲間の研究者たちと作った本（文献：青木編2015）等を参考にしていただければと思います。また近年、障害年金を専門とする社労士が増えており、わかりやすい本（文献：中川・白石2019；相川2018、等）も結構出ていますので、参考になさってください。

（14）医療費助成

精神科で診療を受ける場合、外来の通院費について、健康保険や国民健康保険の自己負担分（通常は3割負担）の一部を公的に支援する制度が、障害者総合支援法による自立支援医療（精神科通院医療費の公費負担制度）です。しかし、精神障がいのある人は、精神科への入院費、さらには、他の診療科に入院や通院をすることも多く、その治療費が暮らしに重くのしかかることが少なくありません。

そこで、家族会等の取り組みによって、精神障害者保健福祉手帳1級、あるいは、1級及び2級（まれに3級も対象にして）があることによって、全ての診療科の入院及び通院の費用を公費負担にする自治体があるのです。これは、各都道府県や市町村の独自の取り組みとなります。そのことから、詳細については、市区町村役場の障害福祉課、保健所等で確認してください。例えば、精神障害者保健福祉手帳2級を所有していることによって、全診療科の入院・通院費の自己負担分の大半を医療費助成している市町村が、全国には一定数あります。

（15）家族SST

SSTとはソーシャル・スキルズ・トレーニング（Social Skills Training）の略称で、「社会生活技能訓練」と呼ばれます。この取り組みは、精神科病院のリハビリテーションプログラムや、就労継続支援B型事業所等のプログラムで用いられていたりします。その際、SSTの訓練を受けた支援者がリーダーとなり、よりよいコミュニケーション技術の習得に向け、少人数のグループで、プログラムを実施することが多いです。

そのようななか、家族SSTは、家族が精神障がいのある人と良好な関係性を築くことを目的とします。具体的には、リーダーの進行のもと、ロールプレイ（役割演技）をしたり、そのことに対して、評価できる部分を参加者で意見交換したりします。そして、家族SSTに参加している人の気持ちを受け止め、適したコミュニケーションを身につけられるようにすることを目指すのです。

（16）任意入院

精神保健福祉法によって定められている精神科への入院形態の1つ。任意入院をしている人に対しては、どのような病棟に入院したとしても、医療機関の管理者は開放的処遇をすることになっています。いずれにせよ、精神障がいのある人が、自らの希望により入院することから、最も推奨されている入院形態となっています。ちなみに、他の代表的な精神科への入院形態としては、家族または後見人、保佐人のいずれかの同意で入院する「医療保護入院」があります。

また、1987年の精神保健法（現、精神保健福祉法）成立以降、任意入院や医療保護入院をした人に対して、医療機関は、入院中に処遇改善や退院請求等の権利行使ができる等の書面による入院告知を実施することが義務付けられています。

（17）隔離室

保護室と言われることもあります。隔離室は、隔離という目的に特化した精神科の病室とされており、基本的には使用しないことになっているのです。では、どのような場合に使用するのか。それは、精神科病棟に入院している人が、精神症状のため、本人あるいは周囲に危険が及ぶ可能性が非常に高く、隔離以外の方法ではその危険を避けることができない場合に使用されることになっています。

しかしながら、隔離室は、外部から鍵がかかり、布団と便器のみ設置されているところが多いのです。そのことから、閉ざされた空間で、睡眠、食事、排尿を行うことになることからも、メンタルヘルスの側面や清潔面での課題があると言えるでしょう。

（18）障がい者枠

障害者雇用促進法によって、企業は従業員の内、一定の割合で障がい者を雇用しなければいけない義務が生じることになります。つまり、障がいのある人について、従業員として雇用する枠（障がい枠）を設ける必要性が生じるのです。そのことを障がい者枠ということがあります。

↓（8）雇用率算定

（19）就労移行支援事業所

障害者総合支援法に規定されている通所型の施設で、一般企業等で働くことを希望する65歳未満の障がい者が対象。基本的に2年間のうちに、一般企業等へ移行（就職）することになっています。就労移行支援事業所では、一般企業等での就職を目指して、計画的に、就労時におけるコミュニケーションの取り方や、休憩時間の過ごし方、さらには、スキルの向上のためにパソコン技術を習得したりします。

加えて、一般企業等で体験的に就労機会を得るということを、重要な取り組みとして位置づけている就労移行支援事業所は多いです。また、なかには実践的な取り組みとして、居酒屋に実際に行って、宴席での立ち振る舞いについて、練習をするところもあります。

（20）セルフヘルプグループ

同じような立場にある人同士が自発的、主体的に集まり、体験談を語り合ったり、学習をすることによって、等身大の生き方を目指していくグループのことを言います。複数の精神障がいのある人同士の会や、断酒会、精神障がいのある人の家族会等は、まさにセルフヘルプグループです。そこでは、定例会等で、参加者が思いを吐露し合うことで、互恵的な関係が構築されたりすることに意義を見いだせます。

それは、専門職から受ける支援とは異なる、体験をした人同士だから分かり合える、いわば内側からつながり得る関係だと言えます。また、名称については、自助グループや当事者組織と言われることもあります

↓（1）家族会

参考文献

・相川裕里子（２０１８）『世界一やさしい障害年金の本』学研プラス

・青木聖久（２０１６）「精神保健福祉士の専門性と養成教育」日本精神保健福祉士養成校協会編『精神保健福祉士の養成教育論』中央法規出版　３‐17

・青木聖久編（２０１５）『精神障害者の経済的支援ガイドブック』中央法規出版

・青木聖久（２００７）「精神障害者小規模作業所の現状と魅力ある方向性への一考察　――愛知県精神保健福祉センター『地域精神保健医療福祉対策研究会』での取り組みを通して――」『日本福祉大学社会福祉論集』117　73‐99

・伊勢田堯（２００８）『自治体における精神保健活動の課題』萌文社

・大友勝（２００６）「精神障害者小規模作業所・小規模通所授産施設」精神保健福祉白書編集委員会編『精神保健福祉白書２００６年版』中央法規出版　52‐53

・岡田久実子（２００９）『隠さないで生きたい 統合失調症の娘とともに』やどかり出版

・厚生労働省（２００４）『こころのバリアフリー宣言』
https://www.mhlw.go.jp/shingi/2008/04/dl/s0411-7i_0002.pdf（２０１９・４・８アクセス）

・厚生労働省『こころの耳：働く人のメンタルヘルス・ポータルサイト』
http://kokoro.mhlw.go.jp/（２０１９・４・８アクセス）

・笹森史朗（2012）『家族5人違っているからおもしろい』学研教育みらい
・笹森理絵（2009）『ADHD・アスペ系ママ　へんちゃんのポジティブライフ』明石書店
・佐竹直子編（2016）『わたしと統合失調症　26人の当事者が語る発症のトリガー』中央法規出版
・柴本礼（2010）『高次脳機能障害の夫と暮らす日常コミック　日々コウジ中』主婦の友社
・精神保健医療福祉白書編集委員会編（2018）『精神保健医療福祉白書2018／2019』中央法規出版
・豊田徳治郎（2018）『碍の字を常用漢字に』豊田徳治郎
・中川洋子・白石美佐子（2019）『マンガでわかる！障害年金』日本評論社
・宮岡等・内山登紀夫（2013）『大人の発達障害ってそういうことだったのか』医学書院
・野中猛（2006）『精神障害リハビリテーション論　――リカバリーへの道』岩崎学術出版社
・藤井克徳（1999）「精神障害者の地域生活を支える施策・制度の現状と問題点」藤井克徳ほか編『精神障害者のリハビリテーションと福祉』中央法規出版　105-145
・堀内祐子・柴田美恵子（2010）『発達障害の子とハッピーに暮らすヒント』ぶどう社
・Anthony, William. A（1993）.Recovery from mental illness : The guiding vision of the mental health service system in the 1990s. Psychosocial Rehabilitation Journal16 (4). 11-22（ウィリアム・A・アンソニー著＝濱田龍之介訳（1998）精神疾患からの回復――1990年代の精神保健サービスシステムを導く視点　精神障害とリハビリテーション2(2). 145-154

当事者会　35
当事者組織　216
等身大　25
等身大の生き方　49
闘病生活　151
当用漢字表　7
特性　199
登山　73
トラウマ　208
ドラマ　102, 113, 145
吐露　184, 195

〔な行〕

泣き笑いの輪　124
日常を守る　29
入院　31
入院形態　215
入院告知　215
任意入院　96, 215（用語解説 16）
人間味あふれる姿　78
人間らしさ　19
労いの言葉　66
年金事務所　213

〔は行〕

俳句　177
配偶者の会　206
ハグ　103
阪神・淡路大震災　41
ＰＳＷ　207
ピースボート　47
被害者意識　110
被害妄想　86
東日本大震災　53
悲壮感　146
必然の出会い　124
１人暮らし　107
病院家族会　77, 206
不安感　162
普及啓発　210
不幸　7
不幸せ　178
不思議な力　79
不全感　31
不便　7
ホームステイ　128
ホームヘルパー　48, 131
保健師　163, 192
保健所　40, 163, 192, 211
保護室　215
ほめなあかん　47
ボランティア　176
本気の行動　63

〔ま行〕

自らの人生の主人公　6, 22, 48, 157
未来志向　35
みんなねっと　5, 194, 206（用語解説 2）
目の前の霧　5

〔や行〕

薬剤師　41
優しさと強さ　61, 156
やどかりの里　32
谷中 輝雄　32
勇気　54, 201
要因　101

〔ら行〕

ライフイベント　133
ラインホールド・ニーバー　58
リカバリー　25, 208（用語解説 5）
リワーク　28, 210（用語解説 7）
列車運行会社 61
ロールプレイ 214

索引

〔あ行〕

悪魔　150
悪夢のような日々　120
新しい風　38
当たり前の喜怒哀楽　199
尼さん　113
新たな価値観　4
安心と勇気　100
安堵感　77
いいとこさがし　25, 179, 201
いかに解釈　26
生きがい　123
生き方のモデル　48
息苦しさ　153
生きづらさ　57, 91, 208
生きている奇跡　29
生きる力　57
医師　23, 31
一言居士　116
一度きりの人生　49, 57, 102, 124
一所懸命　59, 63, 81, 101
偽りのない生き方　69
居場所　42, 82, 166, 184
医療費助成　70, 214（用語解説 14）
医療保護入院　215
インド　106
ＳＳＴ　214
エピソード　29
お茶　98
思い　108, 126, 154, 164
想い　65, 73, 89, 133, 140, 166, 190
思い出　149
重い荷物　173
親心　166
親父の会　65
折り合い　25

〔か行〕

絵画　117
解放感　153
かかわり　57
かかわることへの成果　4
果敢に挑戦　60
隠さない生き方　78
隔離室　96, 215（用語解説 17）
家族　3, 31, 91
家族ＳＳＴ　77, 214（用語解説 15）
家族会　3, 18, 36, 41, 70, 143, 164, 184, 206（用語解説 1）
家族会活動　66, 87, 122
家族会の仲間　101, 134
家族学習会　77
家族教室　40, 54, 163
家族支援　23, 53
語り始める　146
価値観　21, 90
格好いい　20
葛藤　27
カルチャーショック　106
癌　89
看護師　23, 48, 159
感性　114
気負わない生き方　25
軌跡　92
気分転換　161
希望　91
気持ちの整理　113
客観視　150

キャビンアテンダント　50
境遇　30
きょうだい　155
きょうだい会　110, 186
兄弟姉妹の会　55, 206
共通性　199
共同住居　35
草の根　174
草の根活動　211
暮らしの目標　4
グループホーム　96
車の免許　161
経験を咀嚼　34
警察学校　128
結婚　87, 109, 139, 144
元気　166
兼業農家　160
原爆の日　73
懸命に生きる人たち　36, 124
高次脳機能障がい　142
更生保護　132
更生保護女性会　127
交通事故　139
五月病　150
心地よい言葉　40
心の洗濯　22
心のバリアフリー　210
こころのバリアフリー宣言　212
心を開く　49
子育て　76
子ども　65, 76, 101, 120, 133, 166
コミュニケーション　99
雇用率算定　28,210（用語解説 8）
転ばぬ先の杖　59

〔さ行〕

再会　144
再発　29, 30, 35
作業所　35, 174, 184
作業所作り　143
差しさわり　7
雑談薬局　42
シェルター　31
支援者　22, 70, 152
支給停止　208
地獄　75, 183
自己肯定感　24, 189
自己実現　79
自助グループ　216
叱咤激励　69
視点の変更　200
しの笛　47
自分自身の人生　4
自分のため　33
自分の道　43
使命感　37
社会科教師　117
社会の基準に翻弄　80
社会保険労務士　213
充実した人生　32
修復　178
就労移行支援事業所　131, 216（用語解説 19）
就労継続支援Ｂ型事業所　50, 147, 164, 212（用語解説 11）
修行　155
趣味　160, 176
循環的な関係　127
昇華　156
障がい　6
障害　6
障碍　7
障害基礎年金　213
障害厚生年金　213
障害者雇用促進法　210, 215
障がい者枠　101, 215（用語解説 18）

障害年金　70, 213（用語解説 13）
生涯の内にいずれかの立場になります　212（用語解説 12）
小学校の教師　73
障碍　7
小規模作業所 40, 164, 211　（用語解説 10）
猩紅熱　84
常態化　24, 208（用語解説 4）
常用漢字表　7
生涯の誇り　167
知らない不幸　70
人生観　201
人生の醍醐味　82
人生の転機　121
睡眠障がい　129
精神医学ソーシャルワーカー　207
精神医療　52, 91, 102
精神衛生相談員　211
精神科ソーシャルワーカー　207
精神科病院　27, 40, 53, 96, 101, 108, 123, 129, 152, 207
成人式　152
精神疾患　3, 19, 28, 41, 52, 64, 74, 84, 95, 107, 162, 171, 181
精神障がい　3, 28, 36, 90
精神障がい者　32, 55
精神障害者保健福祉手帳　210, 214
精神障がいのある人　36
精神障がいのある人の家族　41
精神障がいのある本人　3
精神障がいの親をもつ子どもの会 206
精神保健福祉　74
精神保健福祉士　23, 192, 207（用語解説 3）
精神保健福祉士（ＰＳＷ）　55
精神保健福祉センター　176,193, 211
精神保健福祉相談員　31, 192, 211（用語解説 9）
セカンドオピニオン　101
世間体　79
セルフヘルプグループ　186, 216（用語解説 20）
精神保健福祉士　192
全国精神保健福祉会連合会　5, 206（用語解説 2）
専門職　23, 70
相談支援事業所　193
想定外の景色　4
ソーシャルワーカー　27, 40, 46, 49, 131, 209（用語解説 6）
ソーシャルワーカーたる精神保健福祉士 207
ソーシャルワーク　209
ソフトバレーボール　131

〔た行〕

退院支援　207, 209
体験談　178
大切にされたバトン　23
大変な荷物　145
他者の変化　4
多様な生き方　112
多様な生きざま　78
多様な価値観　51
多様な視点　33
地域家族会　39, 100, 121, 130, 206, 211
地域活動支援センター　212
治療協力者　23
長期入院　123
ちょっとした声掛け　24
追体験 5, 26, 70, 121, 124, 198
つながる　33
デイサービス　98
定年退職　167
出口の見えないトンネル　52
天国みたい　109
当事者　120, 154

◎著者
青木聖久（あおき きよひさ） aoki@n-fukushi.ac.jp
日本福祉大学教授 社会福祉学博士（精神保健福祉士）。1965年、淡路島出身。1988年、日本福祉大学社会福祉学部卒業後、PSWとして、慈圭病院（岡山）、関西青少年サナトリューム（神戸）という精神科病院で約14年間勤務。その後、サポートセンター西明石（作業所）の所長として4年間勤務。2006年より現職。2004年に京都府立大学大学院福祉社会学研究科修士課程、2012年に龍谷大学大学院社会学研究科博士後期課程修了。主な社会的活動として、全国精神保健福祉会連合会理事、日本精神保健福祉学会理事。著書は、『精神障害者の生活支援』法律文化社（2013年）、『第3版 精神保健福祉士の魅力と可能性』やどかり出版（2015年）等。
► 著者・青木聖久のページ https://pencom.co.jp/archives/writer/aokikiyohisa

追体験 霧晴れる時

2019年7月11日 第1刷発行

著者 青木聖久
発行者 増田 幸美
発行 株式会社ペンコム
〒673-0877 兵庫県明石市人丸町2-20 http://pencom.co.jp
発売 株式会社インプレス
〒101-0051 東京都千代田区神田神保町一丁目105番地

●本の内容に関するお問い合わせ先
株式会社ペンコム TEL078-914-0391 FAX078-959-8033
●乱丁本・落丁本などのお問い合わせ先
TEL03-6837-5016 FAX03-6837-5023 service@impress.co.jp
（受付時間／ 10:00-12:00、13:00-17:00 土日、祝日を除く）
※古書店で購入されたものについてはお取り替えできません。
●書店／販売店のご注文窓口
株式会社インプレス受注センター TEL048-449-8040 FAX048-449-8041
株式会社インプレス出版営業部 TEL03-6837-4635

装丁 矢萩多聞
印刷・製本 株式会社シナノパブリッシングプレス

 ISBN 978-4-295-40306-7